Avec tout mon amour

Jérém

ETTY, MON DOUBLE
DE LUMIÈRE

Bruno Charvet

ETTY, MON DOUBLE DE LUMIÈRE

Michel LAFON

Ce livre est imprimé en France par
un imprimeur soucieux de préserver l'environnement
à travers des actions d'économies d'énergie, de valorisation
des déchets, d'utilisation de produits moins nocifs
pour la santé des travailleurs.

118, avenue Achille-Peretti – CS 70024
92521 Neuilly-sur-Seine Cedex
www.michel-lafon.com

Ô Seigneur, fais de moi un instrument de ta paix.
Là où est la haine, que je mette l'amour.
Là où est l'offense, que je mette le pardon.
Là où est la discorde, que je mette l'union.
Là où est l'erreur, que je mette la vérité.
Là où est le doute, que je mette la foi.
Là où est le désespoir, que je mette l'espérance.
Là où sont les ténèbres, que je mette la lumière.
Là où est la tristesse, que je mette la joie.
Ô Seigneur, que je ne cherche pas tant
à être consolé qu'à consoler,
à être compris qu'à comprendre,
à être aimé qu'à aimer.
Car c'est en se donnant qu'on reçoit,
c'est en s'oubliant qu'on se retrouve,
c'est en pardonnant qu'on est pardonné,
c'est en mourant qu'on ressuscite à l'éternelle vie.

Saint François d'Assise

Avant-propos de l'auteur

Tout ce que je vous confie dans ces pages, ami lecteur, est le fruit des phénomènes de visitation qui ont accompagné ma vie pendant près de deux ans. Ce livre, je ne l'ai pas écrit seul. C'est un livre choral, élaboré en présence d'une alliée magnifique, peut-être invisible aux yeux profanes, mais qui s'est invitée, un beau jour, à la table de ma vie intérieure.

L'histoire a commencé lors d'un après-midi ordinaire, dans une librairie dont je me souviendrai toute ma vie. Car c'est ce lieu hautement symbolique qu'elle a choisi pour me livrer son premier message. Elle, c'est Etty. Etty Hillesum, une jeune femme hollandaise dont les écrits aussi brefs que bouleversants ont résisté aux pires atrocités nazies. Que son journal intime et ses lettres soient parvenus jusqu'à nous, alors que l'oppresseur supprimait tout ce qui appartenait aux

Juifs, constitue un premier miracle. Que Etty ait décidé de s'adresser à moi au moment où j'en avais le plus besoin en est un second, mais un miracle plus personnel cette fois, une grâce qui, comme tout ce qui nous arrive de l'autre monde, mérite qu'on prenne le temps de s'y arrêter.

Un soir, Etty est venue. Un chuchotement à mon oreille, une bise fraîche et légère m'effleurant la joue, un changement soudain d'atmosphère. Une présence. Comment était-ce possible ? Je n'avais jamais entendu parler d'elle, je n'avais jamais lu ses œuvres. Je n'ai pas pu croiser sa route de son vivant et ne connaissais rien de son histoire ni de sa fin tragique. Pourtant, elle était là, étincelante et vraie, irradiant une délicatesse infinie.

De son vivant, Etty Hillesum était une personne d'apparence ordinaire, mais qui connut un destin hors du commun, née dans un monde en guerre, bientôt mis à feu et à sang. À moins de trente ans, en 1943, elle fut déportée des Pays-Bas jusqu'à un camp d'extermination froid et lointain, où elle mourut après avoir vu partir l'une après l'autre toutes les personnes qu'elle aimait. Si son existence ressemble au sombre requiem d'une époque sans pitié, elle ne se résume pas à une vision d'horreur. Le parcours d'Etty, entièrement spirituel, représente aussi une leçon de vie magistrale pour nous tous : c'est le récit d'une conversion, d'une révélation intérieure, celle de l'Esprit résistant aux tourments de l'Histoire.

L'âme de cette femme exceptionnelle, de cette amie du Ciel, m'a rendu visite. Dans des moments tantôt essentiels, tantôt prosaïques, j'ai senti que sa venue dénouait l'un après l'autre des questionnements qui n'avaient cessé de m'occuper : le sens de la souffrance dans le monde, la raison de notre incarnation ici-bas, de la disparition de notre chair quand il est temps de s'en aller, le rôle de notre esprit et l'éternité de notre âme… L'épreuve, le don, la grâce. Etty m'a parlé. Au fil des jours, elle est devenue mon *double de lumière*, un véritable rayon de sagesse m'illuminant depuis l'au-delà. Tout à fait elle, mais un peu moi, comme si nos deux âmes se connaissaient depuis toujours.

Cet ouvrage ne constitue pas une paraphrase de sa vie sur terre. D'ailleurs, Etty n'a presque jamais évoqué avec moi les soubresauts de cette période maudite. Elle m'a parlé au présent, de ce que nous vivons tous aujourd'hui, de ce qui fait de nous des êtres humains du XXIe siècle, un siècle ni meilleur ni pire que les précédents. Simplement différent. Etty m'a délivré des messages pour notre temps, des visions empreintes de sagesse, d'amour, de sens pratique. Ce sont les observations profondes de ce double lumineux, guide indispensable en cette époque marquée par la transition, que je vous dévoile dans ce livre. Au long des chapitres, j'ai tenu à distinguer les visions proprement dites, en italique, des enseignements que j'en ai tirés, en caractères romains, afin que le texte conserve toute la fraîcheur des révélations.

La mission d'Etty est clairement de nous donner des clés de lecture pour la compréhension de notre vie terrestre. C'est pour cette raison que j'ai conçu ce livre comme un carnet de notes, une sorte de journal intime de ma relation avec elle, de ses enseignements qui ont poussé ma main à prendre une seconde fois la plume. Mais à la différence du journal, je ne raconte pas ici mes expériences dans un ordre chronologique. La succession des épisodes se fonde plutôt sur la signification que ceux-ci ont eue pour moi et, je l'espère, auront à présent pour vous. Il y a une progression, mais spirituelle ; une gradation relevant de l'intensité des voyages de ma conscience, qui s'est décrochée parfois, émerveillée souvent, enrichie toujours.

Ces pages parlent de nos vies. De ce que nous traversons sur ce navire agité de grands soubresauts, puis immobilisé sur une mer d'huile, sans un brin de vent à l'horizon pour le faire avancer. Au milieu de cette immensité qu'est la vie sur terre, nous ne sommes pas seuls. Des interactions permanentes se tissent entre notre monde et celui des âmes. Nous avons en nous toutes les ressources pour jouer le grand jeu de l'existence. Reste à en décrypter le sens. C'est tout l'objet de ce qui suit : montrer que nous sommes des chercheurs de vérité. Sans relâche, nous creusons pour apprendre sur nous-mêmes. « Quand le disciple est prêt, le maître apparaît », dit un proverbe zen. Alors, si vous le voulez bien, prenons un moment ensemble, vous et moi, pour découvrir les enseignements d'Etty, mon double de lumière.

Chère Etty

Chère Etty,

Toi, la première, as écrit ces lettres bouleversantes lors de ton séjour sur terre. C'est toi qui as permis que nous nous rencontrions dans cet « entre-deux » que je connais bien, cet état qui se trouve entre ton ciel et ma terre et dans lequel tu viens me parler. Certains jours, je perçois tes messages avec une telle clarté qu'ils me troublent.

Je voudrais te remercier d'exister dans mon cœur et dans ma vie. Jamais je n'aurais pu imaginer avoir une relation aussi privilégiée avec un être tel que toi dans l'au-delà, comme on peut avoir des amis ici-bas, des groupes d'amis avec lesquels on aime à se retrouver pour boire un verre, passer un week-end, bavarder de tout, sans fin… Je sais désormais qu'à côté de mes parents, de ma grand-mère et de quelques autres qui ont rejoint la pleine Lumière, tu es en bonne place dans ma vie et dans mon parcours.

Tu as réussi, là où personne n'avait su le faire, à me consoler de la détresse humaine, celle que j'entrevois au quotidien dans mon métier, celle que me « révèle » ou « dévoile » ma sensibilité, mais qui peut aussi m'atteindre en profondeur et me blesser. Car tu sais combien l'être humain me touche, combien j'ai à cœur de soulager la souffrance. Je voudrais tant savoir aider davantage ! Mais il faut calmer ses ardeurs, graduer ses forces. Toi-même, tu connais l'ampleur de la tâche. Jusqu'au crépuscule de ta courte vie ici-bas, tu ne t'es jamais découragée. Avec ton esprit imperturbable, pas un instant tu n'as perdu confiance en l'humanité.

Tu as su m'expliquer, dans ces motions intérieures dont seules les âmes du pays de l'Éden ont le secret, que rien au fond n'est dramatique. Notre parcours sur cette terre est jalonné de repères, comme des signes vrais de votre présence parmi nous. Et combien en avons-nous ignoré, de ces signes ! Nous tournons la tête, nous refusons de voir, mais toi et la multitude des âmes venez répondre à nos interrogations. Vous attendez que notre cœur soit prêt, que notre esprit s'ouvre et nous remettez en route.

Ce soir, avant d'aller dormir, je te dédie cette prière. Je te remercie d'être ma sœur d'âme – et parfois d'armes ! Ma chère Etty, tu es toi-même une passeuse. Tu sers une puissance plus élevée que toi, une cause que tu embrasses et qui te dépasse à la fois. Comme j'aimerais voir d'un trait tout ce qui se déroule chez toi, dans ton monde ! Y a-t-il des hiérarchies là-haut, dans ton Ciel, comme il y en a ici ? L'infini et l'éternité sont si enviables à mes yeux ! Là encore, tu calmes mes ardeurs. Je comprends avec toi qu'il ne nous est pas donné de tout savoir, c'est une aventure qui se vit au long cours. Humblement, je te demande de continuer à m'accompagner pour servir l'Esprit d'amour dans tous les actes de ma vie quotidienne.

*

Depuis quelques années maintenant, j'ai pris l'habitude d'acheter à l'intuition les romans ou autres que je vais lire. Il m'arrive aussi de demander à un libraire quels ouvrages lui ont plu. Si l'histoire est alléchante, je lui fais confiance. Je refais alors, tous les trois mois, le plein de lectures, souvent trois ou quatre livres d'un coup, que je garde en réserve avec cette même excitation d'enfant à l'idée de les étrenner et de découvrir le monde qu'ils aspirent à révéler. J'y trouve un espace, un repos intérieur où je me laisse conduire par les fluctuations, le courant de l'histoire qui m'est narrée. Ces moments sont précieux et je garde toujours un peu de temps, le soir en général, pour prendre mon livre et me plonger dedans.

Ceux qui me connaissent bien savent qu'à côté des livres, l'univers des séries est mon péché mignon : le suspense, les intrigues, les rebondissements, les héros récurrents et tout ce qui va leur arriver… Plus on passe de temps avec les personnages, plus on développe pour eux une sorte d'affinité. On leur pardonne leurs maladresses, on sympathise avec leurs imperfections. On finit même par les aimer ! Récemment, je suis tombé sur une série, *Babylon Berlin*, qui comme l'indique son nom se déroule dans la capitale allemande, à la fin des années folles, au début de la grande dépression. En vingt-huit épisodes, cette série nous dépeint la noirceur de la société allemande de l'époque (celle de l'Europe tout entière), où la pauvreté la plus scandaleuse côtoyait l'opulence la plus insolente et où la corruption rongeait tous les échelons de la politique. Alors que la vie nocturne battait son plein, à un niveau sans égal dans l'histoire de l'humanité, en toile de fond, déjà, on assistait à la montée du nazisme avec les terribles SA, les sections d'assaut qui donneront naissance aux plus terribles SS, l'État dans l'État, l'armée personnelle du futur chancelier Hitler, qui dans *Babylon Berlin* n'a pas encore renversé la fragile République de Weimar.

La période de la Seconde Guerre mondiale m'a longtemps hanté. Non pas le simple conflit armé qui opposa les grandes puissances pendant six ans, mais ces quinze années qui, à partir de 1930, bouleversèrent le destin de l'humanité et sont de ce fait à l'origine du monde dans lequel nous vivons. Combien de récits, de films et de documentaires sur la Shoah, le nazisme, la folie meurtrière, ai-je consultés ! Aussi loin que je me souvienne, je me suis toujours senti révolté devant ce déchaînement du mal, dépourvu devant l'injustice de l'histoire, la déportation et les massacres, devant cette absurdité absolue que fut l'extermination industrielle de tout un peuple. Pourquoi ? Comment la Shoah a-t-elle été possible ? Je ne trouvais aucune réponse satisfaisante. Au-delà des événements, c'était la question du mal qui se posait à moi, de la souffrance s'abattant sur l'être humain, la faim, les batailles, la précarité jusque devant notre porte, les déluges, les actes terroristes… Une liste sans commencement et sans fin !

Puis un jour, un de ces fameux jours que je sacrifiais à mon petit rituel d'achat de nouveaux livres et que j'étais justement en train de ruminer ces considérations intérieures, tout a changé. Je me souviens de ce moment comme si c'était hier.

J'avais passé la matinée seul, et seul le déjeuner. C'est dire si mon humeur se diluait dans cette douce rêverie qui peut nous envelopper quand nous restons longtemps dans la solitude… J'étais loin de me sentir connecté comme je le suis en séance, à mon cabinet, ou bien lorsque nous nous rencontrons dans une salle de cinéma le temps d'une soirée. Je me trouvais là, tout simplement, à regarder sans vraiment chercher, me laissant interpeller par un titre accrocheur, une couverture particulière, un grain de papier. Prenant et reposant les livres, dont la variété me donnait le tournis. Que choisir ?

Je tombe alors sur la biographie d'un gardien de camp d'extermination, que le libraire a mise en évidence au bord d'une table de présentation. La quatrième de couverture est glaçante, un frisson d'effroi parcourt mon épine dorsale tant ce que cet ouvrage promet de raconter est terrifiant : l'horreur à travers ceux qui l'ont créée. Mais tandis que je feuillette le bouquin, je ressens à ma gauche une présence très forte, une chaleur bien reconnaissable, qui n'est pas celle d'un être humain. Quelqu'un est là à mes côtés, attendant patiemment que je m'aperçoive de sa présence : c'est une âme. Et elle demande à me parler.

Je n'y prête pas attention, mais une main invisible incite la mienne à laisser l'ouvrage que je feuillette, et certainement à abandonner la fascination morbide qu'éveille en moi ce premier livre pris au hasard. Je me retrouve nez à nez avec un autre ouvrage, dont la couverture montre une jeune femme songeuse, aux yeux grands ouverts et à la chevelure d'ébène, la main nonchalamment posée contre le menton. Cette jeune femme, je la connais. Je ne l'ai jamais rencontrée durant mon parcours terrestre, mais quand je la regarde, son visage m'est familier, sa photo m'apparaît vivante. Elle m'évoque déjà tant de choses que si elle débarquait soudain dans la librairie et s'adressait à moi, je ne serais pas surpris ! Elle me fait l'effet d'une amie retrouvée, que j'aurais perdue de vue, mais dont ces retrouvailles visuelles, pleines de joie, me restitueraient l'amitié. En un mot, j'ai le sentiment qu'on a déjà fait un bout de chemin ensemble… Elle m'invite à cueillir ce livre et je m'en empare sur-le-champ. Ou plutôt, il me tombe dans les mains, littéralement. Sans réfléchir, je paie, sors de la librairie et rentre en grande hâte chez moi, encore tout chamboulé par l'expérience.

Cette femme, c'est Etty Hillesum. De son vrai prénom Esther, Etty est née le 15 janvier 1914 en Zélande, cette province du sud-ouest des Pays-Bas composée de petits bandeaux de territoire donnant sur la mer. Son père, Louis, est docteur ès lettres classiques. Sa mère, Rebecca, ne travaille pas. Le couple a deux autres enfants, Jaap et Mischa, les frères cadets de notre protagoniste. Le premier devient médecin, le second est considéré comme un pianiste de génie. Cette famille appartient à la bonne bourgeoisie juive, peu pratiquante, mais attachée aux valeurs culturelles. Dès son plus jeune âge, Etty semble avoir eu un don pour les langues : elle parle russe, lit l'hébreu et l'allemand. À la fin du lycée, elle part étudier le droit à Amsterdam, puis emménage chez Han Wegerif, un comptable qui a transformé sa grande maison en pension et avec lequel elle entretient une relation atypique. Veuf, beaucoup plus âgé qu'elle, Han est son amant, il l'aime, mais lui laisse la liberté de mener sa vie comme elle l'entend.

En 1939, quand la guerre éclate aux quatre coins de l'Europe, Etty décroche sa maîtrise de droit. Mais la matière ne la passionne pas. Renonçant à en faire son métier, elle préfère donner des cours particuliers de russe pour vivre.

Le cercle d'intellectuels qu'elle fréquente assiste, désabusé, à l'invasion des Pays-Bas en mai 1940, au même moment que la France. Avec leurs bombardements massifs, leurs divisions de chars d'assaut et de parachutistes, les troupes allemandes ne font qu'une bouchée de ce petit pays. En moins de sept jours, la capitale hollandaise tombe aux mains du IIIe Reich, dont nul n'avait deviné la puissance.

Neuf mois plus tard, Etty fait la rencontre de l'homme « qui allait remettre de l'ordre dans [son] chaos intérieur » et la prendre « pour ainsi dire par la main » : Julius Spier. En février 1941, l'un des pensionnaires de Han Wegerif lui donne l'adresse d'un psychologue berlinois réfugié à Amsterdam pour fuir les persécutions nazies. Amateur de chant classique, disciple de Carl Gustav Jung, ancien homme d'affaires, mystique, Julius Spier étudie la personnalité de ses patients en lisant les lignes de leurs mains, une discipline dans laquelle il excelle. Mais c'est surtout le charisme du personnage qui frappe ses contemporains. D'une taille avoisinant les deux mètres, élégant, possédant lui-même des mains immenses, il semble doté d'une puissance magique, surréaliste, vraiment caractéristique de l'époque. Etty est foudroyée par leur première rencontre.

Elle rend visite toutes les semaines à celui qui devient tour à tour son ami, son maître, son amant et son compagnon de route dans les secousses de l'histoire. À partir de mars 1941, sur les conseils de Julius, Etty se met à tenir un journal intime, dans lequel elle relate jour après jour son évolution spirituelle, ses lectures, sa relation amoureuse et les épreuves de plus en plus terribles que subissent les Juifs hollandais. Elle découvre les auteurs russes, approfondit sa connaissance de la Bible, lit et relit le poète autrichien Rainer Maria Rilke, qu'elle adule. Pour explorer leurs conflits les plus profonds et s'en libérer, elle et son compagnon pratiquent parfois une sorte de lutte bon enfant, par terre, sur le tapis du cabinet de consultation. Ces moments de bagarre et de partage, qui s'achèvent bien souvent par de longues discussions ou de tendres baisers, sont décrits sous la plume d'Etty comme des parenthèses hors du temps.

En une année seulement, Etty fait des progrès spirituels inouïs. On la croirait affublée de bottes de sept lieues ! Plus l'étau se resserre sur les Juifs, plus elle se détache de la contingence, pardonne aux autres, plus sa foi en l'être humain croît. Son journal intime est un recueil de sagesse et d'humanisme. C'est aussi un document historique, dépeignant la marginalisation qu'elle, sa famille et ses amis subissent. Un matin, les étudiants juifs sont chassés des universités : ils n'ont plus le droit aux études supérieures. Le lendemain, les antiquaires juifs sont spoliés de leurs œuvres, les commerçants de leur boutique, les fonctionnaires doivent quitter l'administration. L'occupant leur interdit l'accès aux pharmacies, à certains quartiers de la ville et aux parcs, désormais réservés aux Aryens. Puis c'est au tour des transports en commun, et nous voyons Etty se réjouir de faire des kilomètres à pied chaque jour, alors que tous les autres Juifs se plaignent et souffrent. Enfin, ils n'ont même plus la possibilité de s'asseoir sur un banc. Ils sont rassemblés dans des ghettos, enregistrés auprès de « conseils juifs » qui organisent la grande déportation…

Quand on lui annonce qu'elle ne peut plus vivre dans la pension d'un Aryen, Etty choisit de rester, alors que la police emprisonne n'importe qui pour la moindre broutille. Elle résiste, convaincue que sa lutte est celle de l'humanité contre la barbarie. Jamais elle ne s'abandonne au chagrin et à la colère, toujours essaie-t-elle de retrouver « la trace de l'homme dans sa nudité », dit-elle, reconnaissante envers Dieu « d'avoir choisi [s]on cœur, en cette époque, pour lui faire subir tout ce qu'il a subi ». Son mot d'ordre : préserver quoi qu'il advienne sa *dignité*.

Au début de l'été 1942, les déportations commencent. Les Juifs sont peu à peu entassés dans un camp de transit construit par les Pays-Bas, mais qui passe sous commandement allemand. C'est Westerbork. Dans cette antichambre de la solution finale, plaque tournante où se croisent les chemins de toutes les usines de la mort, transiteront cent mille Juifs en trois ans. Etty voit ses amis et les membres de sa famille y être emmenés de force les uns après les autres. Elle sait qu'on veut les exterminer. Ses notes le prouvent. Et pourtant, de sa propre initiative, alors qu'elle n'a pas encore été convoquée, elle s'y fait engager comme fonctionnaire, car elle refuse de se dérober à la souffrance, et elle souhaite aider les autres à traverser cette catastrophe. « Je ne me laisserai pas anéantir, je persiste à croire au sens le plus profond de cette vie », écrit-elle alors.

Les mois suivants, Etty vit de lectures enivrantes et d'allers-retours entre Amsterdam et le camp de Westerbork. Employée à l'enregistrement des nouveaux arrivants, elle décrit le quotidien brutal, monstrueux de l'établissement, où certains Juifs sont forcés de planifier la déportation des autres. La mortalité infantile est élevée, les maladies se répandent à une vitesse inconcevable. Jeunes ou vieux, seuls ou en famille, riches ou pauvres, tous se demandent ce qu'ils font là et quand ils pourront rentrer chez eux. « C'est un vrai merdier là-bas », dit-elle souvent. Et aussi : « Le plus déprimant, c'est de savoir qu'aucune des personnes avec lesquelles je travaille n'a vu son horizon intérieur s'élargir tant soit peu ». Elle méprise tout autant le comportement des geôliers que l'avilissement et l'égoïsme des détenus. De ses récits jaillit un concentré de l'être humain dans ce qu'il peut comporter de pire. Mais Etty fait abnégation de soi. Son journal devient un vibrant plaidoyer pour le genre humain et la rencontre avec Dieu, pour ce qu'elle nomme « la vie intérieure », en référence à l'expression de son poète favori, Rilke. « Si j'aime les êtres avec tant d'ardeur, c'est qu'en chacun d'eux j'aime une parcelle de toi, mon Dieu. Je te cherche partout dans les hommes et je trouve souvent une part de toi. »

C'est cette période épouvantable que la vie choisit pour envoyer à Etty une épreuve plus difficile encore. Au cours de l'été 1942, Julius tombe malade. Il meurt le 15 septembre suivant, terrassé en deux mois par un cancer du poumon. Mais Etty continue sa route malgré l'ébranlement, jusqu'au bout de ses forces pourrait-on dire, puisqu'elle finit par être hospitalisée en décembre. Six mois plus tard, une fois rétablie, des amis lui proposent de la cacher, mais elle refuse de perdre sa dignité. « Pour humilier, il faut être deux. Celui qui humilie et celui qu'on veut humilier, mais surtout : celui qui veut bien se laisser humilier. Si ce dernier fait défaut, en d'autres termes si la partie passive est immunisée contre toute forme d'humiliation, les humiliations infligées s'évanouissent en fumée. »

À la fin du mois de juin 1943, sa famille est envoyée à Westerbork. Rien ne peut plus arrêter la machine qui s'est mise en marche. En quelques mois, Louis, Rebecca, Etty et Mischa sont décimés à Auschwitz, bientôt rejoints au ciel par Jaap qui ne peut se remettre de l'évacuation de Bergen-Belsen. La famille entière s'est éteinte dans les camps.

En l'espace des deux ans qui l'ont conduite de l'amour fou à la mort, Etty est passée d'une vie ordinaire à un destin hors du commun. Au lieu de plonger dans le désespoir comme bon nombre de ses contemporains, elle n'a cessé de se répéter que l'existence humaine est d'abord intérieure, qu'on ne pourra changer le monde qu'en se changeant soi-même. « La saloperie des autres est aussi en nous. Et je ne vois pas d'autre solution, vraiment aucune autre solution que de rentrer en soi-même et d'extirper de son âme toute cette pourriture. Je ne crois plus que nous puissions corriger quoi que ce soit dans le monde extérieur, que nous n'ayons d'abord corrigé en nous. L'unique leçon de cette guerre est de nous avoir appris à chercher en nous-mêmes et pas ailleurs. » Une vaste tâche ! À laquelle elle n'a pas renoncé.

Ce qui est infiniment touchant dans les écrits d'Etty, c'est sa proximité avec nous, sa modernité en réalité. Cette jeune femme se cherche, elle a eu plusieurs relations amoureuses, des amants, elle désire ardemment faire sa vie, réussir, s'illustrer dans les lettres, mais chez elle la quête est plus profonde, elle va plus loin que la satisfaction des désirs primaires, des besoins de la chair, elle dépasse les ambitions personnelles, pourtant légitimes à son âge. Elle sent, elle sait qu'elle est habitée. Elle cherche la transcendance. Voilà pourquoi elle va découvrir une version d'elle-même infiniment grande, dépassant l'horreur de son époque et de sa propre finitude. Jamais elle n'abandonne. Elle a la foi chevillée au corps, une espérance à tous crins, une résistance sans limites. Est-elle amoindrie par une mauvaise fièvre ? Elle préfère sacrifier son maigre confort (n'oublions pas ce qu'étaient les camps) en prêtant sa couche à une maman qui tente d'apaiser son enfant malade. Un supérieur lui crie-t-il dessus ? Ses carnets montrent qu'elle en serait presque venue à le remercier.

Ce qui me fascine chez cette amie de cœur, c'est la résilience dont elle fait preuve, la joie qu'elle dégage, sa recherche acharnée du bonheur. Un bonheur ne dépendant pas du cours des événements, car il lui vient d'en haut, du Ciel, de cet « intérieur » qu'elle appelle Dieu. Avec Etty, la vie vaut la peine d'être vécue, qu'importe les désolations. Elle nous le dit : nous avons une valeur infinie, inestimable. Ce prix ne peut être dérobé par aucune déchéance, souffrance, ni malveillance. Aucune de nos épreuves, y compris celles qui nous conduisent à la mort, ne saurait faire vaciller ou éteindre la flamme de l'Amour. La source même de la vie. « Corps et âme ne font qu'un », répète-t-elle tout au long de ses pages.

La lecture du journal d'Etty m'a bouleversé. Avant même d'avoir terminé ses lettres, dont la dimension tragique atteint un paroxysme, je ne ressentais plus la tristesse et le désespoir que pouvait m'inspirer autrefois cette sombre époque. L'existence du mal et de la souffrance en ce monde, je ne la vois plus de la même façon. Bien sûr, je suis toujours touché par les événements chaotiques qui atteignent mes semblables, ici ou ailleurs. Qui pourrait s'en détourner ? Mais grâce au témoignage d'Etty, je ne me laisse plus emporter par l'émotion. Je sais qu'il y a un dessein derrière toute chose, que rien ne s'arrête à ce que je vois.

En cette soirée de printemps où j'ai lu pour la première fois son livre, Etty est venue me parler depuis l'Autre Monde. Secrètement, j'avais depuis longtemps demandé au Ciel des réponses à mes questions existentielles. Mais je n'imaginais pas un instant que je serais à ce point béni, et entendu au-delà de mes espérances. Etty a vécu cette époque particulière, quintessence de toutes les abjections dont les êtres humains sont capables les uns envers les autres. De mon côté, j'avais besoin de comprendre, j'avais cette *soif de sens* sans lequel mon travail serait impossible. C'est cette histoire et cette soif qui ont été connectées l'une à l'autre. Qui mieux qu'Etty, son parcours terrestre, sa quête spirituelle, aurait pu me nourrir de ces réponses cruciales ? Elle est venue avec une tendresse infinie chuchoter à mon oreille, me parler d'elle, mais aussi de moi. Sa voix complice et pleine d'humour m'a durablement apaisé. Elle m'inspire afin que je puisse à mon tour transmettre cette joie intarissable et inconditionnelle que nous sommes tous en droit de découvrir à l'intérieur de nos existences, aussi bousculées et cabossées soient-elles.

De là où elle se trouve, sur l'autre rive, Etty me confie qu'elle contribue au devoir de mémoire, non pas pour ajouter de nouvelles pages aux livres d'histoire, mais pour insuffler la même ferveur aux générations qui lui succèdent. Elle est un peu comme une ancêtre de la famille qui ne rentrerait dans aucune case, une « originale » qui aurait trouvé sa place ici-bas comme dans l'au-delà, une place active, celle de l'infatigable optimiste, suscitant l'espoir même aux époques et aux personnalités les plus obscures. Avant de rencontrer Etty, il restait en moi une petite portion de désespoir, des découragements passagers face au monde. Chacun d'entre nous affronte des moments similaires, durant lesquels il ne reste pas grand-chose de cette belle lumière qui nous anime. Quand nous arrivons à la fin de la vie. Quand nous crevons de solitude. Quand nous perdons la personne la plus chère à notre cœur ou nous sommes confrontés à des choix insolubles, que nul ne peut comprendre. Quand nous voyons le Liban et sa capitale mortellement blessés par l'explosion du port industriel, ou la misère de nos anciens dans les EHPAD, ou la mort fauchant au hasard depuis l'apparition de cette drôle de pandémie. Je pense également à l'embrasement dramatique des forêts amazoniennes, à l'extinction des espèces, à toutes ces injustices qui frappent de plus en plus de gens tandis que la fortune des milliardaires ne cesse de croître. Je pense aux nouvelles qui nous arrivent jour après jour et auxquelles nous réagissons de façon un peu primitive, nous laissant infuser dans un fond de tristesse, de découragement et, pour certains, de désespoir.

Dans les baraquements où elle continuait à aider les siens, Etty a vécu un extrait concentré de tout cela, elle a entrevu l'horreur absolue, la pire peut-être. Elle était pleinement consciente de ce qui l'attendait, elle, ses parents, ses frères et ses amis. Certains doutaient que la barbarie puisse en arriver à la solution finale, pas elle. Elle écrit : « Le quota doit être rempli, et le train aussi, ce train qui vient chercher sa cargaison avec une régularité presque mathématique. […] On se dit certains jours qu'il serait plus simple de partir soi-même une fois pour toutes en “convoi” plutôt que de devoir être témoin, semaine après semaine, des angoisses et du désespoir des milliers et des milliers d'hommes, de femmes, d'enfants, d'infirmes, de débiles mentaux, de nourrissons, de malades et de vieillards qui glissent entre nos mains secourables, en un cortège presque ininterrompu. » Dans une autre lettre, elle dit aussi : « Mon Dieu, toutes ces portes vont-elles vraiment se fermer ? Oui, hélas. Les portes se referment sur des grappes humaines, comprimées, rejetées à l'intérieur des bétaillères. Les minces ouvertures en haut des parois laissent entrevoir des têtes et des mains. »

Face à ce mur de monstruosité, Etty se met à écrire, fiévreusement, dans un élan de grâce dont elle a seule le secret. En s'adressant à Dieu : « Quand je me tiens dans un coin du camp, les pieds plantés dans ta terre, les yeux levés vers ton ciel, j'ai parfois le visage inondé de larmes

– unique exutoire de mon émotion intérieure et de ma gratitude. [… Mais] toute mon énergie créatrice se convertit en dialogues intérieurs avec Toi. […] La houle de mon cœur s'est faite plus large depuis que je suis ici, plus animée et plus paisible à la fois, et j'ai le sentiment que ma richesse intérieure s'accroît sans cesse. » Ce contraste entre l'atrocité environnante, la désertion de tout espoir et la richesse intérieure d'Etty que rien n'empêche d'augmenter a été pour moi comme un déclic. Ce divin paradoxe est devenu la pierre angulaire de l'ouvrage que vous tenez entre les mains : nul ne peut nous dérober notre âme, notre liberté intérieure. Les corps périssent, cependant rien n'empêche l'âme de fleurir.

En relisant ces passages poignants, je me dis qu'Etty fut une grande résistante. Oh, pas de ceux qui prirent le maquis en différentes régions d'Europe. Elle fut une résistante comme chacun de nous pourrait et même devrait l'être : devant des circonstances difficiles, l'adversité, se souvenir de notre origine, du Ciel qui nous habite et de cette foi inextinguible qui nous a été donnée par le Créateur. Car la foi est un don, Etty en fut le témoin ; et de l'autre monde, elle témoigne à nouveau. Cette foi, beaucoup d'entre nous l'ont oubliée, alors que c'est un don universel.

Si personne ne nous l'a encore transmise, allons la chercher ! Cherchons de tout notre cœur, lisons, apprenons, développons notre spiritualité, notre vie intime. Notre *sens intérieur.* Etty peut être ce révélateur pour vous, comme elle l'a été pour moi.

Voilà en quelques lignes l'immense leçon d'espérance que la vie d'Etty Hillesum nous adresse. Dans sa glorieuse lumière, cette femme exceptionnelle continue de m'inspirer lors de mes rencontres quotidiennes. Elle m'apprend à être pleinement humain dans mes imperfections, à rire de mes défauts, à accepter les jours avec et les jours sans, et à me réjouir de tout ce qu'il reste encore à faire pour aider, aimer, accompagner les autres, en répandant la lumière partout où c'est possible. Etty m'aide chaque jour à comprendre un peu plus sagement ce qui arrive dans la vie des gens qui viennent me voir, avec leurs histoires singulières, mais aussi un fond d'universel. Ces gens que je ne reverrai peut-être jamais, qui ont croisé mon existence le temps d'un épisode sur ma chaîne YouTube *Bruno : Un nouveau message*, ou à l'occasion d'une séance privée… Toutes ces personnes que je n'oublierai pas, car elles ont croisé ma route et sont désormais dans mon cœur, me façonnent, formant le kaléidoscope de ma vie. Et il en va de même pour vous.

Je songe à ce jeune homme de vingt-huit ans, Stéphane. C'était un garçon rayonnant, mais une histoire lourde et triste avait creusé comme une fêlure dans son regard. Arraché enfant aux bras de parents alcooliques et violents, il est confié à l'Assistance publique. Peu de temps après, il se retrouve placé dans une famille d'accueil qu'il ne connaît pas, et le cauchemar continue. Il est abusé par son père adoptif ; corvéable à merci. Son récit me rappelle celui de Cosette ou de Cendrillon… Il tient, encore et encore, puis un soir d'octobre, il n'en peut plus, il s'enfuit. Il a douze ans à peine. L'escapade ne peut durer éternellement, et une association le recueille. On le redirige vers les services sociaux. Un enfer. Il est replacé quelques mois plus tard dans une nouvelle famille, avec des parents, disons normaux. Le temps passe, la confiance renaît et il se lie d'affection avec la mère de sa seconde maman adoptive, sa « mère-grand » comme il l'appelle lui-même, les yeux humides. Cette femme, Henriette, va devenir sa confidente, sa plus fidèle alliée. Et la mère qu'il n'a jamais eue. Patiemment, elle lui redonne confiance en la vie. Puis, arrivé à l'âge adulte, Stéphane s'émancipe, se lance tête baissée dans la vie, oubliant sans vraiment l'oublier la mère-grand qu'il a tant aimée. Un jour, il reçoit un coup de téléphone. Il s'agit d'elle. Elle est décédée. C'était un an avant notre rencontre. Plein de culpabilité, Stéphane m'explique alors qu'il vivait loin d'elle, qu'Henriette était devenue sénile et ne le reconnaissait plus lors de ses rares visites. Il ne garde qu'un souvenir matériel : le chapelet, qu'elle récitait consciencieusement. Même s'il regrette de ne pas avoir tout entrepris pour elle, lors de notre discussion, Stéphane m'affirme qu'il est resté fidèle jusqu'au bout à sa grand-mère. « Elle m'a tout appris, Bruno. Avec elle, j'ai compris que seuls l'amour et la foi avaient de l'importance dans la vie. » Il me montre le chapelet et me dit : «Je ne le prie pas comme elle le faisait. Mais c'est un bon moyen de me rappeler, dans mes périodes de doute, que malgré toutes les épreuves qu'on peut vivre, l'amour est plus fort que tout, notre âme reste immaculée… » Sublime prise de conscience !

Etty, elle aussi, voyait toute chose avec les yeux du cœur : « Comme elle est grande la détresse intérieure de tes créatures terrestres, mon Dieu. Je te remercie d'avoir fait venir à moi tant de gens avec toute leur détresse […].

Et je te remercie de m'avoir donné le don de lire dans le cœur des autres. » Avait-elle en mémoire ce passage de saint Paul, au treizième paragraphe de sa *Lettre aux Corinthiens* ? « Quand je parlerai les langues des hommes et des anges, écrit l'apôtre, si je n'ai pas la charité, je suis un airain qui résonne, ou une cymbale qui retentit. Et quand j'aurais le don de prophétie, la science de tous les mystères et toute la connaissance, quand j'aurais même toute la foi jusqu'à transporter des montagnes, si je n'ai pas la charité, je ne suis rien… » La charité, ce n'est rien moins que l'amour. Etty a fait la preuve de la plus belle des charités en se chargeant de la misère d'autrui, par ses intentions, ses petits mots gentils, sa joie communicative. Elle a dû recevoir beaucoup pour donner autant, que ce soit des êtres de chair ou des êtres de lumière, qui lui ont conféré le don d'aimer.

L'exemple de Stéphane est tout à fait parlant à cet égard. C'est parce qu'il a été aimé, en dépit de tout ce qu'il a vécu, viols et maltraitance, qu'il a pu se construire. Aujourd'hui, il est père, époux et ami comblé. Il sait qu'il peut s'adresser intérieurement à sa chère mère-grand et recevoir de sa part une dose de son inépuisable amour. Nous avons tous un proche, une personne qui nous a aimés, une Henriette qui a marqué notre existence ou nous a sauvés dans certains cas du naufrage. Et si une telle personne n'existe pas dans votre vie, soyez certains qu'un être bienveillant veille sur vous, tel un double de lumière qui vous est attaché. Comme Etty, qui a su renouveler mon engagement. En ce qui me concerne, plusieurs personnes de ma famille sont parties dans l'autre monde. Ce sont des personnes que j'ai rencontrées de mon vivant et qui sont chères à mon cœur. Mais Etty, bien qu'absente de ma temporalité, je la considère comme ma sœur ! Elle est mon double de lumière, celle qui était faite pour m'accompagner.

En montant dans l'un des derniers convois, elle n'est pas allée à Auschwitz : le train l'a menée tout droit au ciel, là où tant d'êtres de lumière, comme une myriade d'étoiles, la Voie lactée, l'ont accueillie, elle et des millions d'autres. La fin de son voyage ici-bas a marqué le début d'une odyssée qu'elle mène outre-rive. Et c'est toute proche qu'elle vient nous visiter et nous raconter un peu de son aventure céleste. Il y a tant à faire, tant à aimer !

Un enseignement majeur

Aujourd'hui, je ne parviens pas à réfléchir de façon normale. Il y a une information qui souhaiterait se matérialiser à ma conscience, une nouvelle idée qui voudrait germer, mais je ne peux l'identifier, la nommer, comme si un morceau de terre la bloquait, une résistance. Cette sensation m'est assez fréquente, mais pas des plus agréables. Je l'associe à la création musicale, lorsqu'une suite de notes me vient au bout des doigts : je me mets au piano, je joue librement ce qui me passe par la tête et, pourtant, je me découvre incapable d'aligner plus de trois accords. Rien ne se profile, c'est une succession de fragments égarés. Bien souvent, mes élans de nouveauté retombent sur d'anciens airs, de vieilles compositions, et je suis forcé d'abandonner, faute de mieux, jusqu'à la prochaine tentative. C'est le signe que la mélodie se construit patiemment dans ma conscience, elle est là, en gestation, mais pas assez clairement pour être cohérente. Ce statu quo *dure parfois des semaines, surtout dans le domaine musical. Comme toute création est unique, je devrais maîtriser le processus de mise au monde ; mais au contraire, il se présente à moi toujours nouveau, si bien que je ne m'y fais jamais. Chaque fois, je m'interroge sur ce drôle d'état dans lequel je suis et qui me paraît inédit. Le même mécanisme semble aujourd'hui à l'œuvre. Quelque chose ou quelqu'un survient dans ma conscience, de façon un peu confuse. Quelque chose est en train d'advenir.*

Cette semaine, je suis en vacances. Je m'accorde un temps de repos près de la piscine. C'est l'été. Je laisse vaquer mon esprit en toute liberté. Invité pour quelques jours dans le Sud de la France, je savoure le farniente de cette belle et chaude journée. Le voisin de mes amis nous a apporté du miel, un petit pot sans étiquette, couleur d'étoile. Il se présente comme apiculteur amateur, mais le nectar qu'il tire de ses minuscules ouvrières est parfaitement délicieux. Il répond avec patience à mes questions de Parisien profane, il connaît tout sur les abeilles, ce ne sont pas ses employées, mais ses camarades, ses collègues. Il parle avec jubilation des merveilles de la ruche, miel, pollen, propolis et de leurs bienfaits pour l'homme. Nicolas est vraiment un chic type, passionné par le vivant. Il sait partager son enthousiasme avec sincérité.

Une heure est passée, mais on a le sentiment d'avoir à peine entamé le sujet. Nicolas me salue et se retire. Alors que mes amis le raccompagnent au portail, je reste seul un long moment, allongé sur ma chaise et bercé par la rumeur des cigales. Mon cœur est en paix. Je regarde d'un air absent la jolie longère qu'ont aménagée mes hôtes. Les hortensias agitent leurs coquettes rondeurs contre le mur, à l'angle de la maison. Pas un nuage ne brise l'étendue bleue du ciel. Plus un oiseau ne vole. On dirait que la Terre s'est arrêtée de tourner. C'est le moment qu'Etty choisit pour faire son apparition dans ma conscience. Depuis quelques jours, elle ne s'était pas manifestée. La dernière fois, il y a de cela une semaine, je crois, j'ai tenté de me mettre en contact avec elle, de hausser à son niveau ma vibration, afin de pouvoir communiquer. C'était au cours d'un rêve éveillé. Mais je n'ai alors reçu que l'image d'une porte qui se ferme en crissant et j'ai compris qu'elle n'était pas disposée à me rencontrer. La voici à présent devant moi, dans mon ciel, dans mon sens intérieur. Comme elle est amusante ! C'est son air bien à elle : le sourire en coin, ironique et grave, bienveillant et sévère à la fois. Avec Etty, j'ai l'impression que tout est important et qu'en même temps, rien n'a vraiment d'importance… Que la vie est un jeu. Non pas un passe-temps ou une simple distraction. Ce que nous vivons ici-bas a du sens, et il ne suffit pas de ramasser ses cartes pour relancer une nouvelle partie en oubliant ce qu'on a vécu. Il s'agit plutôt d'un jeu synonyme d'expérience. L'expérience que nous faisons, le plaisir et la réjouissance qu'elle nous apporte, les enseignements que nous apprenons sur nous-mêmes, et les autres. C'est elle, c'est Etty, et pourtant, je la perçois un peu différente. Elle dégage quelque chose de spécial, de plus dense. Elle est comme plus lourde. Plus profonde aussi. D'un autre volume, telle l'abeille revenant grosse du pollen qu'elle a récolté. Comme elle, Etty vient déposer son enseignement dans les alvéoles de mon cœur.

Je suis seul, alors je lui parle à haute voix. Il m'arrive de parler aux âmes tout haut, pas vous ? Bien sûr, elles ne répondent pas à la manière d'un être humain de chair, avec un larynx, des cordes vocales et une langue, bien pendue ou pas. Ce n'est pas un dialogue ouvert, continu, mais plutôt un jeu de miroirs, de sensations, de ressentis à consistance variable, et le plus souvent, d'intime conviction, de pleine certitude. D'autres fois, je suis traversé par des fulgurances, par des phrases entières que je m'empresse de noter sur un calepin, car très vite, elles se dissipent à la façon de l'eau qui s'évapore ou de nuages déchirés par le vent. D'autres fois encore, c'est un film qui défile en accéléré sous mes paupières fermées, accompagné d'une myriade de détails particulièrement cohérents, que je peux alors essayer de me repasser plus tard. Aujourd'hui, je prends les devants, je m'adresse tout haut à Etty, parce qu'elle semble attendre mes questions.

– Que pensez-vous de nous là-haut ? lui dis-je. Que pensez-vous de nos combats, de nos adversités ? De nos choix et de notre évolution ?

Et tout en réfléchissant à ces questions, je décide de me promener sur le petit chemin pavé qui serpente dans l'herbe, autour de la maison. C'est une vieille masure pleine de charme : pierres inégales, tuiles, traversées de barreaux de fer et de colombages apparents. Le bassin où l'on se baigne ici constitue la construction la plus moderne dans un environnement aussi rustique.

Tout en plaçant chacun de mes pas au centre des pavés, comme si mes pieds battaient le tempo, je sens une ouverture en moi, une sorte de vortex, une porte vers mon au-delà intérieur. Les réponses commencent à me parvenir. Je reçois l'image de la ruche pleine d'abeilles butineuses qui ne cessent d'aller et venir, d'exécuter des gestes dans tous les sens, avec une précision digne des meilleurs chirurgiens. Oui, c'est ainsi qu'Etty me fait percevoir les âmes : comme des abeilles non pas ouvrières, mais orfèvres, plasticiennes, ornemanistes. Quelle belle synchronicité avec la visite impromptue de Nicolas, cet après-midi ! Quelle cohérence entre les faits et les signes qu'on nous envoie ! Cette arborescence invisible de milliers d'âmes qui nous environnent, butinent tout autour de nous et nous livrent leur savoureux nectar, l'énergie concentrée de leur présence. Les petites âmes ont l'air fort occupées. Frictions de leurs ailes, elles vibrent à haute fréquence dans l'infiniment petit et l'infiniment grand, dans des dimensions que les êtres vivants ne sont pas même capables d'imaginer, encore moins de voir. Elles œuvrent à réparer le monde, à créer de nouvelles portes, de nouvelles issues pour nos vies, d'autres connexions neuronales pour nos cerveaux, des cellules neuves pour nos corps. Elles sont des parties du Grand Tout, la vie dans son abondance.

Là, une question me brûle les lèvres : « Dis Etty, les petites âmes sont donc vivantes dans nos corps de chair et d'os, de pensées et d'émotions ? » Et les réponses intérieures jaillissent, les mots se bousculent sous ma plume :

comment mon cœur peut-il battre ? Comment mes cellules peuvent-elles se renouveler ? Comment est-il seulement possible que le monde existe ? Mais ma raison reprend le dessus : voyons, tout ça, c'est le fonctionnement de la vie ! Le cœur bat parce qu'un signal électrique le lui commande. Nos trente mille milliards de cellules se renouvellent parce qu'elles obéissent à un ordre inscrit dans leur code génétique, si bien que nous changeons de corps tous les dix ou quinze ans. Le monde existe parce qu'il y eut au commencement le big bang… Nous sommes le produit de son évolution.

Ce qui est étonnant dans ce jeu de questions-réponses intérieur avec Etty, c'est que je finis par distinguer sa voix de mon propre raisonnement, ce qui vient d'elle et ce qui vient de moi. Je reconnais que mes interrogations sont parfois très terre à terre, mais les réponses qui me sont adressées passent par le ressenti, elles échappent à la logique analytique du cerveau. La perception se met en éveil. J'éprouve comme un frémissement, le bruissement des ailes d'une abeille repartant de sa corolle, à peine perceptible. Il faut tendre l'oreille, écouter. « Tout cela, c'est le fonctionnement de la nature, de la vie, c'est le fruit de l'évolution », me répond donc mon cerveau, au souvenir des bancs de l'école. Puis à l'instant où je rouspète contre mon rationalisme, une immense bibliothèque remplie d'encyclopédies poussiéreuses m'apparaît. Je suis écrasé par toutes les informations qu'elle contient. Des kilomètres de livres rangés, reliés, une tour de Babel sous la forme d'une infinie compilation. Je me dis : tout ce qu'on m'a appris, c'est ce que les livres d'histoire, de sciences naturelles, d'astronomie, de sociologie ont relevé à un moment donné de la temporalité humaine, puis considéré comme acquis. Je pense alors à ces scientifiques et ces philosophes qui réfutent à présent la théorie de l'évolution de Darwin. Selon eux, l'évolution n'est pas uniquement le résultat d'une concurrence permanente des espèces entre elles ou des individus à l'intérieur des espèces. Elle est avant tout une œuvre de collaboration : l'entraide est aussi une loi fondamentale de la jungle.

Mais alors, demande mon petit cerveau encombré, qui fait battre mon cœur ? Qui renouvelle mes cellules ? Qui anime la vie sous toutes ses formes ? Qui conduit les abeilles à la ruche ? Et c'est une évidence, tant la présence d'Etty irradie, occupe tout le tissu intérieur de ma pensée : chaque naissance, chaque mort, chaque existence, même celle des cellules, chaque battement est un cadeau – et de grand prix ! La vie est une et indivisible. Pour nos conceptions matérialistes, la conscience de la vie en plénitude est, au mieux, fantasmée, au pire, mensongère. Un désir qui vient de loin, d'un autre rivage, qui est inaccessible au commun des mortels. Mais rien n'est aussi réducteur, car les âmes vivent en nous, c'est leur destinée. Ce n'est pas à l'extérieur qu'il faut les chercher. Elles se recyclent en quelque sorte, en différents degrés de la matière. Dans la légèreté invisible d'une plume, dans le poids d'un corps vieillissant… Les âmes sont légion. Je les compare à des milliards de cellules animées du même souffle de vie, à un univers d'échanges et d'interactions. Portés par cette respiration duelle, Etty et moi naviguons dans le sens intérieur de ma Conscience : imaginez que vous puissiez entrer dans un livre qui s'ouvre devant vous. Y entrer physiquement, j'entends, dans un ouvrage richement illustré, comme ceux du graveur Gustave Doré. Imaginez que page après page, vous découvriez un univers inconnu et quasi féerique qui se révèle à vous. C'est dans cet univers que m'emmène en cet instant Etty. Un moment suspendu hors du temps, de toute beauté.

Tout cela, je le comprends intuitivement, telle une fulgurance. Les perceptions sont si rapides que je dois presque courir chercher mon ordinateur pour les retranscrire. Mais non, c'est trop long, le temps que j'entre dans la maison, choisisse une chaise, allume la machine et ouvre un fichier, de précieuses minutes se sont écoulées. Silence. Tout est calme dans la pièce. Les oiseaux semblent revenus. J'attends, referme mon ordinateur. Je reprends souffle. Tout à coup, je sens qu'un message d'importance est en train de me parvenir d'Etty. Mon oreille gauche se met à chauffer. J'empoigne en vitesse un carnet et un crayon sur la commode et je me mets à écrire, frénétiquement, pour être certain de ne rien manquer, de ne rien oublier. Les premiers mots surgissent, les premières phrases : les âmes sont partout ! Elles sont dans les hôpitaux, dans les instruments de mesure, dans le médecin qui soigne un malade et dans l'infirmière qui contrôle ses constantes. D'autres nichent dans un cœur qui bat pour repartir, dans un souffle qui se cherche un passage… Vous traversez la rue et voici qu'un camion manque de vous écraser. La tête tournée de l'autre côté de la chaussée, sourd, un réflexe vous a pourtant fait sursauter et vous vous arrêtez net, juste avant le choc. Un réflexe de survie certes. Mais dans cette énergie réflexe s'est introduit votre frère disparu, votre maman décédée, votre mari parti dans l'autre monde. Notre corps n'est pas une voiture ou un instrument. À la mort, il n'est pas une vieille carcasse que l'on abandonne. Notre corps est d'ores et déjà un corps de lumière, qu'il soit en bonne santé ou souffrant. Il est sacré ! Sacré, parce qu'il abrite un corps de lumière. Je sens la pertinence de ce message dans ma propre chair, comme Etty de son vivant sentait déjà qu'elle abritait cette clarté.

Le crayon cesse un instant de courir sur la page. Ma pensée s'évade à nouveau. Intérieurement, je demande comme à moi-même : qu'en est-il du corps quand nous tombons malades, quand nous perdons la santé. Un silence, puis la réponse fuse : nous sommes là pour soutenir la guérison. Et si nous mourons, Etty ? L'énergie libérée par la mort physique est telle une explosion nucléaire, ou celle d'une étoile qui meurt et donne naissance à une infinité de nouvelles particules, des milliards d'autres cellules, pleines de vie, qui envahissent l'univers. En mon for intérieur, je m'émerveille de ces pensées, de cette connexion avec Etty. Si dense et si pleine qu'elle se formule naturellement dans un dialogue. Il y a elle, et il y a moi, ensemble. « À la mort physique, dit-elle, le vaisseau amiral, qui gère l'ensemble de l'organisme humain, se réunifie. » In petto, *je compare son image à ces réacteurs qui se détachent de la fusée après le décollage : l'âme, c'est le vaisseau lui-même, celui qui évoluera dans l'espace. « La volonté de l'âme, son désir, est de voguer vers son Créateur. Retournant à la poussière, les particules de matière, quant à elles, se recyclent. » Et les petites âmes, j'aime les appeler ainsi, se trouvent au cœur de toutes les étapes de la Création. À une échelle encore plus infime, c'est la même vibration, les mêmes ondes intelligentes qui permettent la division cellulaire, la germination et la croissance des plantes, la première formation d'un fœtus dans le ventre de sa mère… Je réalise au cours de cette vision céleste que l'âme est partout, qu'elle habite toute chose.*

Il m'est demandé d'insister, de souligner ce point : nos mondes ne sont pas séparés. C'est notre conscience divisée qui ignore l'âme et la néglige. « Mais nos deux univers sont Un, dit Etty. Nous sommes impliqués dans la vie de votre monde dans la mesure où nous en sommes cocréateurs avec vous. Quand survient la maladie, nous avons besoin de toute votre énergie, de vos pensées créatrices et constructives pour élever un barrage d'amour et de lumière dans le corps et l'esprit du malade. » De nouveau, une pause. Un millier de questions se manifestent en moi, mais je tente de les retenir par la prière et la méditation. Tout se presse, je suis impatient. Puisque nous parlons de la mort et de la survivance, j'ai envie de tout savoir. Pourquoi mourons-nous ? Quel est le sens de la vie ? Mais Etty ne m'apporte aucune réponse simple ou toute prête à ces interrogations. Je m'en doutais… À cet instant précis, elle n'est plus à côté de moi, je le sais. Oh, je trouve bien quelques raisons à son silence. Je m'aperçois qu'elle ne s'est pas absentée : c'est moi qui ai décroché, en polluant notre échange avec des questions puériles. Qu'à cela ne tienne, j'ai déjà tant reçu dans cette belle visitation ! Je retourne à mes amis qui envisagent d'un air très sérieux la préparation du barbecue du soir. Armé d'un verre de rosé très frais, j'aide à mettre le couvert tout en bavardant joyeusement, l'esprit encore empreint des paroles d'Etty.

*

Un jour, je déjeunais avec des amis. C'était l'un de ces brunchs du dimanche, qu'on est heureux de faire après s'être prélassés au lit au cours d'une copieuse grasse matinée. Je m'en souviens bien, car j'étais particulièrement éreinté par la semaine durant laquelle les tournages et les rencontres s'étaient enchaînés sans interruption. Nous nous étions attablés pour commander nos plats, un mémorable ceviche de saumon pour ma part. Au bout de cinq minutes, j'avertis mon voisin de la présence invisible de son grand-père maternel, décédé quelques mois plus tôt. L'ami dont je parle avait le souvenir d'un aïeul bougon, un peu déprimé par sa fin de vie, nullement méchant pour autant. Une personnalité pleine de principes, parfois têtue, mais qui finissait toujours par rire de ses défauts, surtout au moment de l'apéro ! Dix ans avant sa mort, Armand, c'était son nom, avait contracté un cancer de l'intestin, qu'il avait cependant réussi à soigner, si bien que le médecin avait annoncé une rémission complète. Et quelle joie dans la famille ! Actif et bricoleur s'il en est, cet homme ne manquait jamais, chaque matin d'été, de nager trente minutes dans un lac proche de sa maison ; et lorsque la météo était moins clémente, il partait faire une longue marche quotidienne. Sa santé était donc excellente, et son hygiène de vie irréprochable.

Mais un après-midi, alors que rien ne l'avait préparé à une telle nouvelle, mon ami reçoit un coup de téléphone de sa grand-mère : Armand vient de s'effondrer dans la cuisine, victime d'un arrêt du cœur massif. Soixante-dix ans. On imagine la stupeur de ses proches. Pourquoi ? Quel sens peut-on donner à cette absurdité ? Je me rappelle encore la teneur du message que son « grand-papa », comme il l'appelait, a pu laisser à mon ami. Avant tout, Armand le rassurait : il disait se trouver en bonne compagnie, entouré de sa propre grand-mère, une Italienne au tempérament bien trempé qui l'avait élevé jusqu'à l'âge de seize ans. Après sa majorité, il était venu vivre en France et avait fondé une famille. Les yeux de mon ami brillaient à l'évocation de ce deuil. Et en même temps, je le sentais rasséréné. Rapidement rejoints par les autres convives, nous avons alors changé de conversation, afin de ne pas peser sur l'ambiance joyeuse de ces agapes dominicales. Et dire que même en congé, je trouve le moyen de travailler…

Il n'empêche. En réaction à une mort aussi inattendue, une fois le premier choc passé, on s'interroge : pourquoi ? Son état de santé était excellent, il ne fumait ni ne buvait jamais, il avait vaincu un cancer terrible dix ans plus tôt. Questions légitimes ! Certains sont de grands fumeurs devant l'Éternel et finissent tranquillement leurs jours, à un âge canonique, au fond de leur lit. Mon propre père n'avait pas une hygiène de vie exemplaire, tant s'en faut. Il mangeait de ces cochonneries ! Et pourtant, il s'en est allé à quatre-vingt-six ans. Je le répète souvent : nous ne savons ni le jour, ni l'heure, ni la manière de notre départ de cette vie. Dans le cas d'Armand, il peut s'avérer délicat d'expliquer la raison d'une mort aussi soudaine. Comment se résoudre à l'idée d'une destinée frappant à l'aveugle ? C'est vraiment l'image de la Mort, dans les films, les représentations populaires, ou sur les cartes de tarot, celle qui nous fait peur et dont la faux s'abat au hasard sur les pauvres mortels que nous sommes. Je songe aussi à ces romans de Kafka où les personnages sont soumis à des situations cauchemardesques, baladés dans des milliers de couloirs aux portes donnant sur le vide, rattrapés par une administration arbitraire, perdus dans un monde dénué de sens… Toutes ces questions me taraudent depuis trop longtemps. Passer des messages est une chose, comprendre le sens des événements en est une autre. Je me fais l'écho de nombreuses personnes qui me demandent : pourquoi ? Mais il est si difficile d'expliquer l'essence de ce qui nous entoure ! Comme j'aimerais leur répondre ! Être sans voix me frustre, bien que je ne puisse me résoudre à l'idée d'une mort aveugle et hasardeuse. Souvent, je finis par m'absenter de ces considérations et…

*

Et au moment où j'écris ces lignes, je suis rattrapé par la présence de mon amie silencieuse. Il me semble qu'elle attend que je bâillonne mon bavardage intérieur, que je taise les questionnements qui m'assaillent en boucle. J'abandonne mon clavier et je m'allonge dans le fauteuil où l'angoisse commençait à m'électriser. La tension retombe un peu, le temps se suspend. Ça y est, ma conscience décroche. Les questions s'effacent, comme des traces de pas que la langue des vagues vient soudain recouvrir. Un baume me traverse, cuillère de miel soulageant cette gorge enflammée. Je m'apaise. En état de pleine réception, je reçois les paroles d'Etty sans broncher. « Les choses ne sont pas aussi radicales. Il n'y a pas de décision qui se prenne de façon unilatérale. Une vie, une mort, tout est à replacer dans un contexte. Car l'existence est un chant de liberté. »

« En contexte », voilà la clé. Chaque être humain est une somme infinie d'émotions, de joies et de douleurs, d'informations transmises par les cinq sens, de libérations et de voies sans issue, de rencontres aussi, de mille destinées qui croisent, interrompent, brusquent, soulagent ce circuit singulier. Rien ne peut nous retenir ou nous attacher. Aucune décision n'est prise contre nous. Notre âme ressort toujours libre. Rien n'est contraint, fortuit ou accidentel. Les hasards n'existent que dans l'inconscience de notre condition limitée. Lorsque se présente le moment de notre mort, nos conceptions terrestres ne sont pas en mesure de percer le sens du mystère. Nous n'avons pas idée de ce qui se joue, nous ne savons pas que l'instant était choisi de tout temps comme le meilleur, car notre vision demeure voilée et c'est normal : l'être de chair aspire à survivre et s'oppose à ce que comprend son âme. Incarnés, nous voulons le rester : sinon comment serait-il possible de vivre ? Mais si cette tension n'était pas aussi vigoureuse, nous saurions que l'âme fait le choix de rester ou de partir, nous saisirions le cheminement intime de toute existence, ses étapes et leurs justifications.

Un sens profond se dégage de cette inspiration d'Etty. Dans notre réalité quotidienne, nous ne manifestons qu'une partie de la vérité, celle qui est faite de chair, d'os et de sang. L'autre partie de cette vérité, c'est que notre corps physique est relié à notre âme, qui est la forme lumineuse de l'être. On pourrait parler d'un corps physique et d'un corps de lumière formant une unité, mais l'affirmation ne serait pas assez vraie, car à la mort du premier, on retrouve pleinement le second. Certains mystiques orientaux parlent d'une « corde d'argent » qui relierait, invisible, notre corps matériel ancré dans le monde à notre corps astral, sorte de réalité parallèle dans laquelle les quatre dimensions sont abolies. Tout s'éclaire : les informations qu'Etty me fait parvenir, tous les messages que je reçois, que je transmets, passent à travers ma substance lumineuse pour parvenir jusqu'à vous et moi. C'est mon âme qui communique avec les petites mains de là-haut. Mais je ne suis pas le seul dans ce cas. Tous, en notre qualité d'êtres vivants, avons individuellement une âme qui survit à notre enveloppe physique, ou plutôt qui lui échappe, car elle n'est pas enfouie dans la matérialité. Cette part lumineuse se juche à la crête de notre conscience, elle est comme le chakra, une couronne nous reliant à la source de toute chose. Elle inspire nos choix, nos changements de vie, de cap, nous ouvre sur ce qui dépasse notre existence, pour aller toujours plus haut et plus loin. Nous incitant à dépasser nos limites, elle se manifeste par l'intuition, par les pressentiments, par les signes, les synchronicités, les rencontres de tous genres.

En me montrant maintenant l'image d'une plante qui pousse au milieu d'un désert, déjouant les pires contraintes, Etty me suggère que l'évolution du vivant est guidée depuis les origines par cette énergie spirituelle. Finalement, nous sommes des êtres illimités ! La prodigieuse histoire de l'être humain, et plus largement de tout ce qui est animé d'un souffle de vie, c'est celle de l'alliance de la terre et du ciel, du corps physique et du corps de lumière. Notre âme sait quand elle doit venir s'incarner, elle sait aussi quand il est l'heure de partir. Notre intellect l'ignore, lui qui se nourrit de calculs et de formules, mais il l'a seulement oublié. Tout est voilé.

Je ressens en moi une vive excitation. Plus j'entre dans la connaissance, plus je me défais d'anciens schémas, comme si je quittais ma peau. Et plus je grandis. J'accède à une vision supérieure, je vibre plus fort et plus haut. J'ai envie de crier au monde entier combien la vie est belle ! Puis, Etty me quitte pour aujourd'hui. Son départ se fait tout en douceur, comme on abandonne tendrement un enfant au sommeil, en raréfiant les caresses sur son visage, caresses qui lui ont permis de s'endormir, puis en quittant la chambre à pas feutrés par crainte de le réveiller. Je sens, comme la traînée de la comète, son sillon, comme si le goût de sa présence s'estompait peu à peu. Elle s'en va, tout doucement, soleil disparaissant de l'horizon… Elle est partie.

*

Deux idées maîtresses se font jour dans mon esprit. La première : les âmes sont partout. Elles nous environnent, elles interagissent avec nous. Quelque part, *elles sont nous*. Vous décidez, par exemple, d'aller vous promener dans la nature. Le temps est clément ; un soleil d'automne diffuse encore un peu la chaleur de l'été indien à travers l'humidité. Sur le chemin, vous croisez des arbres, des feuilles mortes. Un écureuil vous observe de loin, mais vous ne le remarquez que lorsqu'il s'enfuit à votre approche, en grimpant au sommet d'un gros chêne. Un événement *a priori* ordinaire, sans importance. Pourtant, qui avez-vous réellement croisé lors de cette promenade ? Un charmant petit animal à fourrure ? Un arbre majestueux ? Des feuilles mortes ? En réalité, vous avez croisé la vie ! Une vie invisible qui anime chaque chose de ce monde. L'arbre est habité, tout comme l'écureuil et les feuilles jonchant le sol. Votre âme, dans cette simple promenade, est venue saluer l'âme du robuste chêne, celle du petit écureuil craintif et malicieux, celle du tapis de feuilles qui amortit vos pas. « La nature est à l'intérieur », a dit un jour le peintre Paul Cézanne. Que vous traversiez ce petit chemin en sous-bois de façon plus ou moins consciente – après tout, vous êtes venu vous aérer et vous dégourdir les jambes – n'enlève rien au fait que la nature, les êtres humains, les objets (oui, les objets !) qui vous environnent soient animés. Un objet ne vieillit-il pas ? Ne dit-on pas que les meubles anciens ont une âme ? Ceux d'entre nous qui ont une sensibilité un peu affûtée ne ressentent-ils pas la présence d'une âme dans une maison, un bibelot, un livre, un monument ? Tout ce qui vit est doté d'une âme, c'est une vérité universelle.

En conséquence, il n'y a rien d'autre que la vie. L'âme n'est pas prisonnière du monde ni du corps, pas plus que d'un arbre ou d'une vieille maison. Elle voyage. Celle de vos proches vient un moment habiter dans ces figures que vous croisez sur votre chemin : feuilles, chêne, écureuil. Je m'émerveille de ce soleil tardif, mais le soleil aussi s'émerveille de ma présence et du réconfort qu'il me procure. Si vous touchez ce bel arbre, imposant et calme, peut-être ressentirez-vous le désir de vous enrouler autour de lui, sa puissance, sa majesté, et la grande paix qui en émane. Lui-même sentira profondément votre présence, appréciera que vous caressiez son écorce rugueuse, et que vous lui portiez de l'attention. Et peut-être qu'à cet instant, c'est votre petit papa qui viendra se lover tout contre vous, dans cette étreinte d'un autre type. Caresser un chien ou un chat (dotés, faut-il le rappeler, eux aussi d'une âme) est peut-être plus évident, car le chat arrondit le dos et ronronne lorsque vous le caressez. Mais ne nous y trompons pas, l'arbre réagit. Tout ce petit monde, et nous avec, est en mouvement constant, il bouge, il avance si l'on peut dire. C'est un échange de tous les instants. Il est en mouvement… comme l'est votre petite excursion dans les sous-bois en cette jolie journée d'automne.

La vie est une et indivisible. Elle est *à l'intérieur*. Etty me le fait comprendre clairement. Sur cette terre, nous sommes solidaires les uns des autres, tout comme nous sommes unis avec l'autre monde, c'est une interaction. Le soleil ne peut se désolidariser de ses rayons. Le rayon de lumière exprime à lui seul le soleil tout entier. Quand les scientifiques plongent l'œil dans leur microscope, ils découvrent un univers composé d'atomes, eux-mêmes vivants. Pour nous, un morceau de tissu humain s'appelle la peau, point. Mais à la loupe, ce sont des cellules qui évoluent et inter-agissent. Plus bas encore, ce sont des atomes, connectés par une certaine énergie, se mouvant à des vitesses parfois vertigineuses. Puis il y a le noyau, qui concentre toute la masse de l'atome, mais n'est pas non plus dénué d'énergie… Même les constituants élémentaires de la vie sont animés par les petites âmes, qui œuvrent dans l'infiniment petit comme dans l'infiniment grand. Les choses paraissent inertes, elles se cassent et on les jette, et pourtant elles vivent. La roche la plus immobile respire, se meut, crie, s'érode, au bout d'une temporalité qui excède des générations humaines. Tout est vie, rien n'existe que la Vie.

Et voici la seconde idée maîtresse : les âmes sont ordonnées, ajustées à l'Esprit. Chacune d'elles représente un élément de la conscience universelle, un corps de lumière relié au Grand Tout. La vie serait alors un assemblage infini d'âmes non pas éparpillées ou anarchiques, mais naviguant dans un ordre suprême. Le grand Victor Hugo l'écrivait dans un des poèmes des *Contemplations* :

« Tout dit dans l'infini quelque chose à quelqu'un ;
Une pensée emplit le tumulte superbe.
Dieu n'a pas fait un bruit sans y mêler le verbe.
Tout, comme toi, gémit ou chante comme moi ;
Tout parle. Et maintenant, homme, sais-tu pourquoi
Tout parle ? Écoute bien. C'est que vents, ondes, flammes
Arbres, roseaux, rochers, tout vit !
Tout est plein d'âmes.
Mais comment ? Oh ! Voilà le mystère inouï. »

Notre corps vit. Il est formé d'atomes, et ces atomes sont vivants. Une pulsation les anime, de même que nos cœurs sont animés d'une pulsation. La physique quantique montre qu'au fin fond du noyau de l'atome, les protons et les neutrons sont composés de quarks, ces particules élémentaires qui à leur tour, on le découvrira peut-être un jour, qui sait, pourraient être composées d'une infinité d'univers… C'est la grande intuition que j'ai développée à la lumière d'Etty : notre cœur bat, on peut le considérer comme un moteur. Quand il lâche, il n'y a plus de question à poser : c'est la mort. Mais le moteur ne marche pas tout seul. Il lui faut une impulsion, mettre la clé dans le contact et faire démarrer le véhicule. Il y a donc une *intention* préalable à sa mise en route et à sa bonne marche. Cette impulsion première envoie le signal du grand balancier de la vie. Sans elle, pas de battements donc point de vie dans notre corps. Et ce que je comprends aujourd'hui, c'est que la même impulsion provoque l'arrêt du corps, lorsque l'heure est venue, quand notre lumière intérieure vient à changer d'état et retrouve toute son amplitude. Etty, telle une petite abeille messagère, a déposé ce message dans la ruche de notre monde. Un monde qui paraît bien chahuté et hors de contrôle, mais dont l'intention invisible est celle de la libération.

Le combat avec l'Ange

Un beau matin du mois de mai 2020. Je me promène sur les quais de la rive gauche de la Seine. Les pigeons qui roucoulent semblent suivre mes pas. Ou peut-être est-ce moi qui les suis ? Sans m'en apercevoir, je débouche sur la place Saint-Sulpice, mon ancien quartier, pour lequel j'ai gardé une affection toute particulière. Avec ses cafés vieille France, ses rues médiévales, sa fontaine et son église aux deux clochers dissemblables, c'est un petit coin hors du temps, un lieu qui prend son temps aussi, à l'abri du tumulte parisien. Dans un moment, je vais retrouver une amie pour boire un verre en terrasse au soleil, une expérience précieuse après ce temps de confinement. La liberté que je ressens est un pur bonheur, d'une suavité particulière, car c'est l'une de mes premières sorties depuis que les privations ont commencé. En avance, je profite en toute tranquillité de ce petit air délicieux qui accompagne le printemps, assis en face de la fontaine, au centre de la place. Elle éclabousse les passants. Les lueurs se font plus vagues, la rue épaissit son murmure, mais les bruits sont comme étouffés. Je devine la venue d'Etty dans mon cœur, mon cœur qui chauffe d'une joie apparentée à aucune autre : celle de lui reparler bientôt. Et soudain, je me retrouve avec elle, ici, maintenant.

Sans même bouger les lèvres, je lui demande : comment, à ton époque si pénible, as-tu réussi à apprécier ces moments de court bonheur que tu décris dans ton journal, alors que tu es affectée au camp de Westerbork, au beau milieu de la misère la plus crasse et absurde ? Dans tes mémoires, tu évoques une sensation simple et douce, celle du soleil sur ta peau. Bien qu'assise inconfortablement sur un ballot de paille, tu en éprouves du plaisir. Tout près, un train arrive et se charge de nouveaux passagers qui n'auront qu'une destination commune, le terminus. Mais tu souris, tu te contentes de cet instant qu'il t'est donné de vivre. Il y a deux ou trois jours, Etty, j'ai relu quelques passages de ta biographie, puis j'ai déambulé dans les pages de ton journal. Depuis le début de notre relation, il me semble pénétrer dans l'intimité de tes pensées, comme si je voyais ce qui se cache derrière les mots que tu as écrits. Au-delà. La seule comparaison que je puis faire porte sur l'impression que l'on a lorsqu'on croit connaître une personne de toujours, alors qu'on la voit pour la première fois… Une complicité spontanée. Je ne m'attriste pas en me remémorant ton histoire. Au contraire, une vague d'amour me traverse. Je te rapproche de la petite fée Clochette dans Peter Pan *! Pleine de surprises, espiègle, primesautière, avec ton air malicieux,* *toujours bienveillant. Tu dégages une sorte de légèreté, oui, de légèreté. Dans tes carnets, tu as noté : « D'où vient que la guerre, avec toutes ses conséquences, me touche si peu ? Peut-être parce que c'est ma "seconde guerre mondiale". » Chère sœur de cœur, âme lumineuse, tu ne manques pas d'humour !*

En écrivant, je m'attarde sur un passage auquel je n'avais pas prêté attention à la première lecture. C'est une lettre que tu rédiges de Westerbork, le 3 juillet 1943 : « Quand une araignée tisse sa toile, elle lance d'abord les fils principaux, puis elle y grimpe elle-même, n'est-ce pas ? L'artère principale de ma vie s'étend déjà très loin devant moi et atteint un autre monde. On dirait que tous les éléments présents et à venir ont déjà été pris en compte quelque part en moi, je les ai déjà assimilés, déjà vécus, et je travaille déjà à construire une société qui succédera à celle-ci. » On lit un peu plus loin, Etty, que tu t'épuises et que ta santé est fragile. Mais en parlant du cœur, tu affirmes que « dans le noyau de [son] être, on devient de plus en plus fort » grâce à l'épreuve. Dans cette intuition fulgurante, n'as-tu pas saisi l'essence de la présence humaine en ce monde ? N'as-tu pas pris conscience que tout, absolument tout ce que nous vivons, la somme de nos pensées, nos actions, nos expériences et nos joies, passées, présentes ou à venir, que tout ce que nous vivons ici est déjà condensé dans notre âme, comme le code génétique contient dès la naissance les étapes de croissance et de maturité ? D'un seul instant d'éternité, notre âme sait tout. Que nous soyons vigoureux comme les gamins, affaiblis et courbés comme les malades, notre âme, notre corps de lumière, demeure intact, immaculé. Voilà pourquoi tu peux prendre quelques minutes en compagnie de ce soleil douillet sur ta peau, alors que tout exprime la peur et l'abandon autour de toi. Quand tu te reposes sur cette botte de paille, tu as déjà saisi la transcendance de nos vies. Et aujourd'hui, je profite avec toi de quelques rayons de ce soleil réconfortant. Nous sommes habités par un corps de lumière, notre vie a un sens !

Ne nous montres-tu pas que, si rien n'est gravé dans le marbre, nous sommes malgré tout sur un chemin de vie qui nous est destiné et que nous avons l'impérieuse nécessité de dévoiler ? Comme le randonneur s'élance dans le brouillard, découvrant un accès caché à mesure qu'il progresse vers le sommet. Et notre cœur, n'est-ce pas ce « noyau » dont tu parles ? Il se renforce et s'affine, il est taillé par le Tailleur de nos diamants bruts, celui de nos consciences endormies. Il faut croire que les épreuves, loin de nous abattre, ont une valeur initiatique. Elles nous font changer de peau, nous préparent à demain, peut-être même à après-demain. Peut-être nous préparent-elles à la vie après la vie. C'est ce que tu me dis en cette journée de printemps, c'est là ton enseignement pour nous tous, toi, ma sœur, ma jumelle dans la lumière. À travers ces pensées, tu infuses en moi, par mouvements intérieurs, au creux de ma conscience. Je me fais présent à ta présence, et petit à petit, dans un élan de vérité, je sens fondre les questionnements. À la place du doute, tu ensemences l'espérance : d'âme à âme, nos corps de lumière se parlent et ne se quittent plus.

Le charme s'efface. De loin, comme si elle provenait d'un autre espace-temps, la voix de mon amie me parvient. J'avais presque oublié notre rendez-vous de ce matin ! Je l'accueille avec joie : combien de semaines avons-nous passées sans nous voir ? Rien ne vaut les retrouvailles physiques, le contact de la peau, la vraie sensation d'un sourire. Les écrans sont si dévitalisants, les appels si austères ! Nous nous saluons, puis échangeons quelques nouvelles de notre journée. Catherine (je change son prénom par politesse) lève alors la tête et fixe l'église Saint-Sulpice. Elle s'étonne que des deux clochers parallèles, le premier ait été soigneusement restauré, tandis que le second, à droite, est comme laissé à l'abandon. Je lui réponds qu'au cours de la longue histoire de cette église, plusieurs architectes se sont succédé et qu'il a fallu cent ans pour achever l'édification de la façade, interrompue par la Révolution. Mais le détail, je ne le connais pas. Mon amie me propose de la visiter un instant et jette alors une phrase anodine que je n'ai pas oubliée. C'est un trait particulier et marquant, celui de discuter avec une personne de votre entourage. Vous échangez avec elle et soudain, au beau milieu d'une conversation, un mot, une formule, une expression utilisée par votre interlocuteur prend un sens particulier et extraordinaire. À tel point que vous comprenez que cette personne n'a pas prononcé cette phrase consciemment : elle l'a dite sans y penser, mais cela produit en vous un effet instantané et profond. Comme une réponse à une question que vous retourniez dans votre esprit sans vraiment la formuler, mais qui sous-tendait votre réflexion. Ce jour-là, mon amie a joué ce rôle de canal : le temps d'un court bavardage, elle s'est faite elle aussi médium.

Au moment d'arriver sur le parvis de l'église, Catherine m'annonce tout de go : « Tu sais Bruno, la vie est un vrai combat. Il faut toujours se battre. Nous vivons dans l'adversité et la concurrence. Et comme toujours, c'est le meilleur qui gagne. » Je suis un peu interloqué. Je me retourne vers elle, intrigué et amusé à la fois : « D'où sors-tu cette tirade, de but en blanc ? » Elle me raconte qu'en descendant du bus, c'était à qui sortirait le premier et deux personnes âgées ont été violemment bousculées. Catherine est très sensible à ce genre d'incivilités. Je la comprends : le respect de l'autre passe d'abord par les petits gestes du quotidien… Nous entrons dans l'église. Sans trop réfléchir, je m'élance dans l'allée latérale, à droite de la nef, vers la chapelle des Saints-Anges. Je tombe alors nez à nez avec une magnifique fresque peinte dans les années 1850 par Eugène Delacroix. Pour avoir vécu des années dans ce quartier, je n'ignore pas son existence. Mais c'est la première fois que je prends le temps de l'admirer. Il s'agit de la fameuse Lutte avec l'Ange. *L'œuvre est une commande de la Ville de Paris. Elle représente un personnage biblique, Jacob alias Israël, fils d'Isaac, petit-fils d'Abraham, affrontant un être ailé mystérieux au creux d'une clairière ceinte d'arbres centenaires et musculeux. La lutte est rude, les adversaires sont comme emmêlés, même si l'ange semble avoir le dessus. Du récit de la Bible, on sait que Jacob ressort de ce combat blessé, mais invaincu. Le contraste des couleurs me saisit : aux teintes de vert et marron de la nature répondent les nuances rougeoyantes des corps. Delacroix a peint directement sur le mur, avec un mélange de pigments et de cire. Un écriteau indique qu'il aurait passé de nombreux jours dans ce lieu réputé pour son humidité. Il mourut d'ailleurs deux ans plus tard de la tuberculose.*

Je demeure un long moment à m'imprégner de cette œuvre qui me fascine, tant par sa taille impressionnante que par ce qu'elle symbolise. Catherine me chuchote qu'elle va faire un petit tour de l'église. Seul, je sens une chaleur qui descend sur ma nuque. Je suis à nouveau conduit par Etty. Mais cette fois, c'est un flot d'informations qui jaillissent dans ma conscience, avec une générosité et une puissance dignes des fontaines de la place Saint-Sulpice. Cette clarté insolite exige d'écrire sur-le-champ tout ce que je reçois d'elle. Sur de vieilles feuilles que j'ai trouvées dans ma poche arrière, je me mets à noter. Pourquoi cette scène me fascine-t-elle autant ? Est-ce son aspect irréel ou les muscles saillants des pugilistes qui semblent former un nœud inextricable ? Jacob lutte à la vie à la mort ; pour lui, c'est un combat essentiel. Plus je les regarde, plus mon souffle se fait court, ma respiration est comme associée à cet affrontement viscéral. Etty m'assiste, j'ai l'impression qu'elle me fait sentir ce qui habite les deux protagonistes. Je baisse les yeux, puis fixe à nouveau le tableau. L'ange alors me paraît dominer, lutter avec moins d'énergie que Jacob, quant à lui au bout de ses forces. Il y a Jacob qui charge, attaque, et l'ange qui prévient ses coups avec calme, le visage et le regard empreints de sagesse. Comme s'il savait, comme s'il connaissait l'issue de ce duel. Jacob est trop absorbé pour comprendre qu'il ne vaincra pas. Sa tête est presque enfouie dans la poitrine de l'ange. Il est aveugle, la lutte lui ôte tout recul, entrave son intelligence. Il se heurte à une puissance surhumaine. C'est cela : la scène ne dépeint pas un adversaire l'emportant sur un autre, mais une tension extrême, une résistance, un équilibre que Jacob aimerait rompre.

Etty, dis-moi, qu'est-ce qui se joue en moi ? Je me demande avec lequel des deux personnages j'entre le plus en résonance. Et je continue à coucher ces remarques sur mon malheureux bout de papier. Suis-je cet homme qui ne lâche rien, lutte de toutes ses forces, en vain ? Qui ne comprend pas, ne voit pas, est obnubilé par son combat ? Ou bien suis-je cet être ailé, presque stoïque, bien que totalement impliqué dans cette joute ? Je conçois alors que je m'identifie à l'un et l'autre à la fois, mais qu'au-delà de moi, c'est du combat de l'humanité tout entière qu'il s'agit. D'un côté Jacob, tourné vers les réalités du monde, les préoccupations matérielles (il est homme) ; de l'autre, l'ange, dont on ne connaît ni la provenance ni la nature. Ou plutôt, dont je comprends qu'il vient du monde invisible. Je dois approfondir l'histoire et le contexte de ce combat ; pour le moment, il m'est trop difficile de trancher. Et si ces personnages étaient en réalité les deux facettes d'une même personne, les deux visages d'un homme luttant contre sa propre âme ? Jacob serait donc le corps matériel et l'ange, le corps lumineux ? Par des détentes, des décontractions inattendues et spontanées, Etty m'apporte souvent les réponses aux questions les plus mystérieuses. Une sorte d'eurêka !

L'organiste de l'église est en pleine répétition. Des notes graves et solennelles résonnent contre les murs de la chapelle et j'y discerne la célèbre Toccata et fugue en ré mineur *de Jean-Sébastien Bach. Il joue fiévreusement et toi, Etty, c'est comme si tu pianotais sur mon clavier intérieur. Ça y est, tout est désormais très clair à mes yeux : Jacob a été invité à un combat singulier, mais l'ange ne lui est pas étranger. Jacob avait rendez-vous avec son âme, son corps de lumière auquel il devait se mesurer. Voilà toute la symbolique de cette scène ! Et n'est-ce pas ce que toi, ma petite Etty, as vécu lors de ton parcours terrestre ? Je me souviens de tes bagarres avec Julius Spier, dont tu dis que tu ressortais légère, rassérénée. Les épreuves que tu as traversées, la guerre, les interdictions ont fait émerger en toi l'éblouissante lumière de ton âme. Tu as su accueillir la Source, tu en as été irradiée, tu l'as laissée t'empreindre, et plus rien ne pouvait t'arriver. Je suis confondu par cette prise de conscience. J'ai le sentiment d'avoir accouché de moi-même. Catherine me rejoint alors et nous écoutons le final de l'œuvre que l'organiste fait résonner fièrement dans l'édifice. Après l'avoir applaudi, nous sortons. Nous décidons d'aller boire un verre sur la place. Je suis chamboulé par cet enseignement et Catherine voit bien que je ne suis plus tout à fait le même. Quelque chose a changé en moi, s'est transfiguré. Nous parlons de tout et de rien, avec la plus grande insouciance, ce qui me permet de recouvrer mes esprits et de reprendre pied dans le monde. Une heure plus tard, il est déjà temps de rentrer, des rendez-vous m'attendent. Sur le chemin du retour, je repense à la phrase prophétique de Catherine et à cette méditation du combat de Jacob avec l'ange. Puis le soir même, je me replonge dans ce chapitre crucial de la Bible, afin d'en extraire le sens caché.*

*

Les recueils bibliques sont aussi pluriels que passionnants. Leurs héros traversent des tribulations épuisantes, parfois invraisemblables. Quand on y regarde de près, leurs mésaventures ont un caractère d'universalité : jalousies, trahisons, conflits familiaux, rancunes, ambitions, crises d'identité, doutes, espoirs… On y parle de vie, de mort, de mariage, de pactes, de naissance, de voyages, de réconciliations, d'asservissement, de dépendance, d'aliénation, de lâcheté… Chaque histoire raconte une initiation. En traversant diverses épreuves, qui seront autant de rites formateurs, les héros vont profondément changer. Mais pour cela, ils devront intégrer le sens de l'épreuve qu'ils vivront, sinon ils n'en récolteront pas les fruits. La stérilité des femmes est maintes fois évoquée dans la Bible. L'infécondité sur un plan symbolique (et non physique) est liée à une forme d'aveuglement : tant que nos yeux ne sont pas ouverts, on ne peut pas avancer. Et pour nous les ouvrir, des tsunamis peuvent arriver dans nos vies personnelles, venant casser un moule selon lequel des comportements se répètent sans fin. C'est lorsque nous changeons d'état, justement, que l'épreuve se manifeste.

Nous allons découvrir tout cela dans l'histoire qui suit. Un mot cependant : la Bible ne constitue pas un livre ordinaire, un ensemble de récits banals. Elle nous parle de la relation de l'Homme avec le Divin. Le Divin n'est pas à l'extérieur de nous, comme un vieux sage à la barbe longue, celui qu'on voit sur le plafond de la chapelle Sixtine. Il se trouve en nous, dans notre cœur. C'est notre source, nous apprenons jour après jour à nous y connecter, à nous fier à elle. L'intuition, le sixième sens, est notre gouvernail. Nous sommes confrontés en permanence à une obligation de vérité vis-à-vis de nous-mêmes. Sommes-nous ajustés ? Sommes-nous fidèles à nos idéaux, à nos ambitions intérieures ? Nous connaissons-nous nous-mêmes ? Le Divin est cette part invisible contre laquelle nous nous heurtons lorsque nous ne sommes pas alignés. Lire la Bible sous cet angle, c'est découvrir des trésors inépuisables d'enseignements. Les récits regorgent d'apparitions, d'anges, de signes, de synchronicités, de manifestations hors du commun. Et lorsqu'on lit que Dieu parle dans le Livre, il s'agit bien de héros qui entendent la voix de la Source au secret de leur être. N'est-ce pas ce que nous sommes tous amenés à faire ? Ordonner notre conscience, l'ajuster à notre âme ?

Venons-en à cette fameuse histoire qui ne manque pas rebondissements. Nous sommes dans les premiers chapitres de la Genèse. Il est question d'un couple, Isaac et Rebecca. Rebecca, jusque-là stérile, donne naissance par la grâce à deux frères, qui viennent au monde à quelques minutes d'intervalle. On dirait aujourd'hui qu'ils sont de « faux jumeaux ». Ésaü arrive en premier, juste avant son frère Jacob. Ésaü est le garçon préféré de son père : c'est un chasseur habile, un homme des champs, il rapporte de quoi nourrir la tribu, du bon gibier. En tant que premier-né, droit d'aînesse oblige, il sera naturellement l'héritier de tous les biens familiaux. Jacob, quant à lui, est un garçon plus calme, posé, c'est un caractère qu'on qualifierait volontiers d'introverti (le texte dit qu'il demeurait « sous les tentes »). Il ne s'agite pas, n'a pas un tempérament de nomade. C'est lui qui garde les troupeaux. Jacob est le préféré de sa mère, son chouchou.

Le texte biblique raconte que par un habile subterfuge et aidé par sa mère, Jacob dérobe le droit d'aînesse de son frère et récupère l'héritage. Devenu vieux et aveugle, le patriarche Isaac veut bénir son aîné avant de mourir. Il lui demande donc de partir à la chasse et de ramener du gibier, prévoyant de profiter avec lui d'un dernier festin. Ésaü s'exécute et, tandis qu'il est occupé à chasser, Jacob se présente en premier devant son père, en se faisant passer pour l'aîné. L'artifice fonctionne à merveille : n'y voyant rien, Isaac croit s'adresser au bon rejeton… et le fait chef de sa fratrie, héritier de ses biens. Incommensurable est la colère d'Ésaü : il jure de se venger et projette de tuer Jacob. Ce dernier s'enfuit alors chez son oncle, où il rencontre sa future femme… Les années passent, Jacob est devenu riche, il possède beaucoup de biens. Il a fondé une famille nombreuse, sa tribu vit dans l'opulence. Mais son histoire le rattrape : quelque vingt ans après avoir fui la colère de son frère, il doit retourner dans son pays. C'est là qu'il va affronter son passé. Jacob craint Ésaü comme au premier jour de son habile complot. Apprenant que celui-ci avance vers lui accompagné de plus de quatre cents hommes, il organise une caravane pour l'apaiser lui envoyant des serviteurs chargés de nombreux présents. La veille de leur rencontre, Jacob fait traverser le gué d'un torrent à toute sa tribu, femmes, servantes, enfants et troupeau. Tout ce qu'il possède, nous précise l'Écriture. Est-ce qu'il pressent un danger ? L'histoire garde le silence sur ce point. Resté seul, Jacob se retrouve face à un être qu'il ne connaît pas. La tradition l'associe à l'Ange. Ce personnage mystérieux engage avec Jacob une lutte sans merci. Jusqu'à l'aube, aucun des deux ne prend le dessus. À la fin du combat, l'étranger blesse Jacob à la hanche. Il en gardera la marque toute sa vie. Le soleil se lève. L'Ange lui signifie son départ, mais Jacob le retient et lui demande sa bénédiction. « Quel est ton nom ? lui demande l'être ailé. – Jacob. » L'Ange lui annonce alors que, dorénavant, il ne se nommera plus Jacob, mais Israël. Puis il lui donne sa bénédiction. Plus tard, lorsque les deux frères se réunissent enfin, ils ne s'affrontent pas, mais se réconcilient. Ils se jettent dans les bras l'un de l'autre, et Jacob rend à Ésaü la bénédiction qu'il lui avait volée.

La signification de cette histoire ? Un véritable retournement intérieur. À cause de sa position dans la fratrie, décidée par le sort, Jacob ne reçoit pas la bénédiction paternelle, qui revient à l'aîné de la famille. Il n'hérite pas non plus de ses biens. Aujourd'hui, la loi serait peut-être différente, mais telle est ici la coutume. En a-t-il éprouvé du ressentiment, de la jalousie ? On peut imaginer Jacob envieux de son frère, désireux de s'approprier sa fortune à venir à la mort de leur père. Il pense certainement qu'il sera meilleur dans sa gestion des ressources familiales, qui sait ? Peu importe les justifications qu'il se donne. Il reçoit l'aide de sa mère pour fomenter le complot. Une sombre histoire de famille, assez banale quand on y pense, à en juger les dysfonctionnements fréquents au sein des fratries : préférences, jalousies, non-dits, vengeances… Souvent, lorsqu'un pilier de la famille vient à mourir, la cellule explose. Comme si le parent tenait la famille par son autorité naturelle et les liens qu'il avait tissés. Certains comportements chez les héritiers font alors surface, d'une manière qu'on n'aurait jamais pu anticiper. Jacob, quant à lui, transgresse tous les interdits en s'emparant illégalement du patrimoine. Il accapare les richesses, mais au-delà de cette valeur pécuniaire, il achète l'amour de son père (sa bénédiction). Est-il pourtant possible de l'acheter ? N'est-ce pas plutôt la preuve qu'il est en déficit de reconnaissance paternelle ? Quels rapports père et fils ont-ils entretenus ? La force de la coutume interdit tout changement, mais quelle injustice que cela ! Si l'on veut faire bouger les choses, changer les traditions, remuer le cercle familial, il faut s'emparer du pouvoir. Ainsi raisonne Jacob. Apprenant qu'Ésaü veut sa mort depuis qu'il a découvert son artifice, Jacob doit fuir. Il ne peut, en l'état présent, affronter un frère plus fort que lui, intimidant. L'exil dure vingt longues années. Le temps d'une génération. On apprend que Jacob fait fortune, c'est donc un homme accompli qui revient vers sa famille.

Mais au moment où tout lui sourit – femmes, enfants, richesses, pouvoir, notoriété –, Jacob apprend qu'Ésaü marche contre lui. Il l'a retrouvé. Ou peut-être Ésaü a-t-il lui-même rallié toute la tribu d'origine ? Dans un premier temps, Jacob cherche à adoucir la colère de son aîné en lui mandant plusieurs serviteurs chargés de riches et nombreux présents. C'est avec de l'argent réel, des biens matériels qu'il cherche à racheter l'amour non pas de son père, mais cette fois, de son frère. Sur le chemin, il fait passer le gué à sa famille, ses troupeaux et tout ce qui lui appartient. Pourquoi un tel transbordement ? « Passer le gué », c'est aller sur une autre rive, traverser une frontière pour changer de monde. Il y a dans cet acte une façon de mourir, de marquer une métamorphose. Jacob sait qu'il s'en va à la rencontre de son passé. Le sens de ce passage : on ne peut durablement changer de vie si l'on n'a pas réglé au préalable ses vieux démons, si l'on a enfoui les nœuds de son passé sans les avoir démêlés. Tôt ou tard, ils refont surface. Et c'est à ce moment précis que Jacob affronte l'Ange. Qui est vraiment celui-ci ? Le messager d'un dieu vengeur ? Chargé de le punir de ses mauvaises actions ? Sa famille et ses biens ont été mis à l'abri. Sur le tableau de Delacroix, Jacob est seul. Avant d'engager la lutte, il s'est dépouillé de ses armes et ses vêtements. Jacob est seul et nu : c'est un combat contre lui-même.

S'il est dit que l'Ange le provoque, c'est parce qu'il représente la partie invisible de Jacob. Son âme, qui se révèle à lui en cette clairière, tandis qu'il comprend sa nécessaire reddition auprès d'Ésaü. Cette lutte jusqu'à l'aube symbolise sa propre nuit intérieure. Elle imprimera dans sa hanche une marque indélébile, le laissant boiteux à jamais. Une sorte de blessure de guerre. N'en avons-nous pas nous aussi, de ces blessures, de ces séquelles physiques ou spirituelles qui succèdent à des épreuves que nous avons traversées ? La vie nous « burine », elle forge nos visages et nos corps. Ici, blessé, Jacob garde la trace de ce combat qui changera sa vie pour toujours. Que dit son âme à Jacob, que lui dit l'Ange ? Il n'y a ni jugement ni condamnation dans l'autre monde. Ce messager céleste le lui montre en le bénissant d'un nouveau nom, celui de son cœur transformé. Jacob est devenu lui-même. J'insiste : ni jugement ni condamnation. Cela peut paraître anormal ou injuste pour nos yeux humains, mais quoi que nous fassions, nous sommes aimés et pardonnés. As-tu compris ce que tu as vécu, ce qui s'est passé dans cet épisode de ta vie ? Comprends-tu pourquoi tu as agi ainsi ? C'est la grande vérification qui nous attend tous dans l'autre monde. Nous n'y échappons pas pour autant ici-bas : nos actes entraînent des conséquences, tous. C'est aussi ce que dit le bouddhisme. Nous devons y répondre. Non pas en se flagellant ou en se condamnant soi-même, mais en prenant conscience, en achevant un mouvement de retour à soi. En laissant remonter à la surface les souffrances non soignées. Jacob a pris conscience du conflit intérieur sous-tendant toute son existence, un peu parce qu'il savait que son frère le poursuivait, mais surtout parce qu'il s'est confronté à son âme, à la partie éternelle de son être.

Enfin, il a pleinement réalisé qu'il n'avait besoin ni de son père ni de son frère pour être pleinement lui-même. Le message qu'il a reçu de l'Ange, son être de lumière, c'est qu'il est aimé tel qu'il est. Il est béni, et son nom brille désormais de sa véritable identité : Israël. Dans les bras de son frère retrouvé, Jacob accomplit cette union, il scelle les retrouvailles intérieures, celle de sa part humaine et de sa part divine. Nous sommes tous invités à ce grand retournement intérieur, à vivre selon la guidance de notre âme. Sans elle, nous nous condamnons à la répétition : c'est l'enfer. L'enjeu est de taille, c'est même le seul qui en vaille la chandelle ! Cette épopée illustre un peu celle de nos vies inconscientes, qui se heurtent aux murs incompréhensibles de la vie. Comme me l'a soufflé Etty à l'église Saint-Sulpice, l'histoire de Jacob raconte celle du randonneur avançant dans le brouillard. Chacun de ses pas est une étape de plus vers la vérité.

Des êtres blessés

Depuis quelques jours, pas de nouvelles d'Etty. J'erre seul au milieu de mes notes et de mes écrits, sans trouver l'inspiration ni le mot juste pour avancer. En surface, rien ne se passe, je ne ressens pas de connexion spéciale. Quelle frustration ! J'aimerais être en osmose permanente avec elle mais nos rencontres sont si courtes ! Je sais qu'il me faut aussi du temps pour les digérer. À force de discuter avec Etty, j'en oublierais presque mon corps terrestre. Tout de même, dans ces moments où je ne sens personne au bout du fil, le quotidien devient très monotone. Aujourd'hui, c'est un de ces jours où la connexion tarde. Mon esprit s'emporte et tente d'attraper tout ce qui pourrait avoir du sens : un bruit, une couleur, un souvenir… Ce n'est pas ainsi que ça marche ! Mais la machine est lancée, je cherche, je cherche, j'essaie d'aligner mes mots dans des phrases qui tiennent la route, en me répétant que c'est l'inspiration ; mais très vite, chaque tentative est avortée, amorce disparaissant aussitôt dans l'oubli. Rien à faire : on ne peut provoquer les messages par des efforts de volonté, ce n'est pas comme le bouton d'une télécommande ni d'un téléphone. Ce n'est pas avec ces pensées magiques que je contacterai Etty.

Ce qu'il faut, c'est abandonner la lutte, laisser sa résistance au vestiaire. Se rendre disponible. Les méditants orientaux parlent de vacuité. De vacance. C'est une façon de faire le vide, de détendre son mental agité et raisonnant, comme lorsqu'on décontracte chaque muscle, l'un après l'autre et tous à la fois, afin d'entrer dans un état second. D'ailleurs, quelle urgence y a-t-il à établir un contact avec Etty ? Aucune, je le reconnais. J'ai simplement en moi, je l'avoue, un désir intense de sa présence. J'attends ma moitié, mon âme sœur. Mon double de lumière. Je finis par me dire qu'il n'y a rien à espérer ni à attendre. J'ai envie d'être là, c'est tout, en pensant à elle, en laissant se cristalliser son image, en lui faisant de la place en moi. Je décide de ne plus demander ni réclamer. Fort de cette résolution, je m'allonge un moment. La détente ne tarde pas à venir, une sorte de demi-sommeil s'empare de moi. Je sais que je ne dors pas, car j'entends les bruits environnants : les pas des piétons dans la rue, un automobiliste qui peste sûrement contre un camion en double file, le jeune fils des voisins du troisième qui danse sur le parquet, le ronronnement lointain, très lointain, du frigo… Mais ces distractions ne me touchent pas, je les intègre, elles sont là. C'est le murmure de la vie. Je le sens bien, mon mental commence à être anesthésié.

Tout en poursuivant son relâchement, mon corps pèse un peu plus sur la méridienne. J'ai l'impression de m'enfoncer dedans. Et dans le même temps s'opère un décollement progressif de ma conscience, à la manière d'une éclipse qui se termine. Ce paradoxe entre une sensation d'écrasement du corps immobile, s'abîmant, s'abandonnant, et une autonomie nouvelle de la conscience est la meilleure mesure de mon niveau de relaxation. Je me trouve à présent dans un état second, pacifique, une douce somnolence, sans savoir combien de temps s'est écoulé. Quand ma décontraction est devenue assez profonde, mes paupières flottant librement, un rideau se lève sous mes yeux clos. Un trait, une image d'abord. Grand soleil, chaleur et vent aussi. La luminosité est aveuglante. Je ne peux me fier à ma vue ; je tends donc l'oreille. Des coups de marteau ? Des truelles raclant une paroi ? On construit ? On creuse ? Non, ce sont des frottements. Il y a aussi des voix feutrées, mais les images sont brouillées.

Bientôt, ma vue s'affine, je m'habitue à cette lumière intense. Je regarde autour de moi. Rien de ce que je vois ne correspond à quelque chose de connu. Il y a une étendue transparente qui se prolonge à l'infini, une immensité de glace ou de verre, avec un peu de relief et des aspérités.

La lumière qui envahit cet endroit émane de deux sources. Je ne rêve pas : deux soleils flamboient dans le ciel ! Je suis sidéré par le spectacle. L'un ressemble à celui que nous connaissons, c'est un astre d'été éclatant et chaud. Mais quelques degrés en dessous, à l'horizon, un soleil plus petit de couleur orange profond semble l'accompagner. L'un étincelle, jaune et puissant, l'autre s'approche du crépuscule. Des milliers d'étoiles piquettent le ciel, pâles ou pétillantes. Je crois même distinguer parmi elles des planètes. On dirait un décor de science-fiction. Je dois être dans une autre dimension, sur un globe inconnu. Rien ne ressemble à notre Voie lactée, tout est différent, surréaliste. J'ai l'impression que ce monde possède une intentionnalité, que les deux soleils dardent leurs rayons spécialement pour moi. L'énergie qu'ils projettent est prodigieuse. Je pénètre cette lumière, elle m'habite, je suis elle et elle est moi. Une communion s'établit entre nous. Ma conscience s'élève d'un degré supplémentaire.

Sans que je m'en aperçoive, sur mon épaule gauche, tout près de mon oreille, Etty s'est installée. Petite fée, je crois l'entendre me dire : « Tu vois, tu as réussi à me rejoindre ! » Joie des retrouvailles ! Mais je n'ai pas le temps de m'y attarder. Il se passe quelque chose. Des formes ailées arrivent de toutes parts et forment un grand cercle devant moi. Est-ce que ce sont des anges ? Il y a comme un chantier, qui me fait songer à un site archéologique. Tout se déroule dans une délicatesse infinie, une précision chirurgicale. Mille mouvements à la fois, autonomes et coordonnés. Juste au-dessous de ces êtres volants, ça bouge. On dirait qu'ils abritent ou protègent une zone en particulier. Un léger mouvement ébranle la surface plane. Le sol se creuse. Ce n'est pas un trou qui apparaît cependant, plutôt une courbe qui s'imprime. Imaginez une ligne droite qui serait incurvée en son centre, sous l'influence de quelque force invisible. Je distingue alors une ombre. D'abord, c'est une espèce d'ectoplasme grossier, mais il prend progressivement forme humaine se détache de cette matière élastique. S'agit-il d'un homme ou d'une femme ? Le personnage sortant de cette matrice n'est pas identifiable. Il surgit de la substance translucide, aérienne, légère comme un voile, me faisant penser à un objet qu'on sortirait de la glaise. À présent, l'être est tout à fait décollé de terre, tout en douceur. Cette séquence est inédite pour moi, mais il y a dans cette vision un je-ne-sais-quoi de familier. J'ai l'impression d'assister… Oui, c'est bien ça, j'assiste à une naissance.

Mon mental cherche alors à comprendre, il provoque une multitude de secousses qui me tirent de cette contemplation. Les vains questionnements affluent, ma vue se trouble et je suis à deux doigts de perdre la connexion. C'est bien ma veine, je ne ressens plus la présence d'Etty. Non, je ne veux pas déjà quitter cette scène ! Je me relâche et me recentre, essayant de ne me soumettre à aucune injonction. Petit à petit, je reviens à la scène, mon cœur bat plus lentement, mon esprit retrouve sa sérénité. La « naissance » ne m'a pas attendu pour avancer. Le personnage qui vient d'être créé porte désormais un voile recouvrant tout son corps. Impossible, malgré son apparence diaphane, de percer son identité. Il est si lumineux ! Il dégage de l'innocence, un amour infini. Il se tient là, immobile. Plus rien n'a lieu, hormis un accroissement exponentiel de lumière, une énergie formidable qui se libère du centre de la scène. Les êtres ailés entament une ronde. Tournoyant sur eux-mêmes à une vitesse prodigieuse, ils créent un tunnel de lumière qui me fait penser à un parhélie horizontal, ou aux cercles concentriques composant l'empyrée sur la gravure célèbre de Gustave Doré. Puis les êtres ailés se rapprochent de la créature. Le halo rétrécit. Certains se détachent du cercle et finalisent ce qu'on pourrait appeler les derniers préparatifs. Comme s'ils grattaient une corde, ou mieux, comme s'ils jouaient de la harpe, ils touchent de leurs mains des filaments de lumière et les entretissent, les accordent.

Et ce petit être voilé, qui est-il ? Est-ce un futur nouveau-né ? Le voilà maintenant en lévitation, allongé dans les airs. En atteignant l'extrémité inférieure du tunnel, il disparaît, incorporé. Et le halo se referme. Que s'est-il passé ? Je n'ai rien vu, mais tout le monde semble s'être éclipsé. Le tableau s'est estompé et toujours pas de trace d'Etty ! Une fois l'être parti dans la traînée de lumière, ma propre vision s'obscurcit. Ce sont désormais des ombres et des sons étouffés. Un goût suave m'envahit la bouche, un miel. Je ne change pas d'état pour autant. Qui donc s'approche de moi ? Je fronce les sourcils en pensée, pour tenter de deviner. C'est Etty, bien sûr. Elle était là tout ce temps. Nous sommes seuls au milieu de cette immensité de verre qui s'est refermée. Sa densité m'enveloppe, son aura généreuse me protège. Il se trame une sorte de filin invisible entre elle et moi, qui me permet de me nourrir de ce qu'elle m'envoie. Mes sens tentent de restituer le plus fidèlement ce qui leur parvient, mais rien de comparable n'existe dans ma vie terrestre. Elle me nourrit comme au travers d'un cordon ombilical virtuel. Le nectar qu'elle me transfuse épanche un goût divin en mon palais, derrière la langue, une chaleur maternelle dans mon corps, sédative, un fin bourdonnement. Je m'efforce de ne rien filtrer, d'être le plus fidèle à ce que je reçois. Cela demande discipline et docilité, une souplesse égale à celle dont je dois faire preuve quand je transmets des messages. Je commence à fatiguer. Ma conscience cherche à fuir. Je vois bien que dans un court moment, je ne pourrai plus tenir ce niveau vibratoire intense. Avant de rentrer chez moi, je retiens dans mon cœur l'information essentielle de ce voyage. Mais il va me falloir du temps pour en sortir. Je traverse des étapes où je tends à sombrer barreau après barreau dans le sommeil, d'autres où j'ai la sensation que je pourrais ouvrir les yeux. Tout est noir. Au terme d'un instant infiniment long, j'émerge du silence. Autour de moi, la pièce est calme. Je suis rentré.

De toute évidence, j'ai assisté à la genèse d'un futur bébé. Ce tunnel représente le chemin qu'emprunte notre âme pour s'incarner, pour « descendre » dans la matière. En venant sur terre, nous passons tous par cette gestation. Nous naissons de cette Lumière : c'est le processus de la création ! Le tourbillon amenant l'entité à l'entrée du tunnel constitue la mobilisation de toutes les énergies créatrices du monde supérieur. Des êtres que je pourrais comparer aux anges président à cette génération. Lors de l'entrée du futur nouveau-né dans la galerie lumineuse, tout s'assemble en perspective de notre voyage terrestre. Quand deux êtres s'accouplent, ils convoquent l'énergie première, celle qui vient des mondes incréés, de l'univers invisible, celui que mon esprit a considéré comme un lieu hors de notre galaxie, avec ses deux soleils, ses étoiles et ses planètes. Mais il m'est impossible de le décrire, car je serais bien incapable de comprendre ce qui le compose, moi qui suis également incarné.

Sur terre, le phénomène de la reproduction suit le chemin que nous connaissons. Et dans les cieux, l'au-delà, ce sont les mêmes énergies qui régissent la formation de l'enfant. Depuis la fertilisation du spermatozoïde jusqu'au développement du fœtus et du nourrisson. Quand les êtres humains conçoivent, ils convoquent les forces de la Nature. De l'autre côté, là-haut, comme une colonne qui relierait les deux mondes, les énergies lumineuses répondent à cette invitation du désir : elles parcourent leur chemin jusqu'à nous, se densifient et se matérialisent. À notre mort, j'en suis certain, le processus s'inverse. Je pense à la fameuse lumière au bout de la nuit, qu'évoquent tous ceux qui sont revenus d'une expérience de mort imminente. L'enseignement d'aujourd'hui se termine. Tout ce que je viens d'écrire, je le reçois alors que je suis en train de me réveiller : c'est un peu comme quand on appuie sur la peau et que la marque met un court instant à disparaître. Je n'aime pas tellement ces moments de « redescente », similaires à ceux qu'on peut avoir lorsque l'avion décélère et amorce l'atterrissage. On est secoué, c'est long et il y a des paliers intermédiaires, ça n'en finit pas. Ces étapes sont toutefois indispensables, sinon je me retrouverais avec un bon mal de tête, cloué au lit toute la journée. Je bâille sans cesse et laisse durer ces bâillements un long moment. Je respire et au fur et à mesure, retrouve ma vibration propre. En reposant le pied sur le plancher des vaches, je quitte cet univers. Je suis plein de gratitude pour mon amie Etty, qui vient de se séparer de mon âme discrètement.

*

Quitter un moment de visitation comme celui-ci n'est vraiment pas aisé. On aimerait passer tout son temps dans le même état, en compagnie d'une merveilleuse amie. Pourtant, à chaque retour d'un voyage intérieur, je sais l'importance de retrouver mes repères terrestres. Les décrochages de la conscience peuvent devenir addictifs, même si, dans mon cas, aucune substance n'entre en jeu. Je vis sur terre, je suis un être incarné, tout simplement parce que mon âme a bien voulu se glisser dans ce corps. C'est parmi les êtres vivants que mon existence se joue, ici et maintenant. Depuis qu'Etty me visite, je me rends compte du privilège d'être son compagnon, son « canal » par lequel elle transmet ses enseignements. Mais je n'en oublie pas pour autant mon univers matériel. Je ne conseillerai jamais, à qui que ce soit, de trop décoller de notre monde ici-bas. Il est vrai que durant certaines périodes, on peut ressentir la pesanteur de l'existence, avoir un sentiment d'inutilité, d'enfermement, de limitation, comme si une blessure ancienne, mais toujours vivace se réveillait et fissurait notre quotidien. Ça nous divise, nous tiraille, nous écartèle. Nous naissons tous avec une blessure. Le fait même de venir au monde, de quitter les eaux nourricières est en soi une séparation. L'enfant n'était-il pas à l'abri, immergé dans la chaleur du ventre de sa maman ? L'unité osmotique, c'était le paradis et l'éternité !

Je me remémore ma vision du processus de création. Depuis son départ du ciel, c'est-à-dire de la conscience, de l'immatérialité, jusqu'à son avènement dans le monde créé, l'être est entouré, façonné, on pourrait dire imaginé par des petites fées qui se penchent sur lui pour le concevoir. Quand le père et la mère s'unissent, ils convoquent les énergies incréées. Une âme, répondant au désir des parents, se positionne dans l'axe de la création : elle prend forme, se densifie. D'un état de conscience subtil, elle s'incarne. C'est là que sa puissance divine change de constitution et se précipite dans le corps terrestre. Quelles lois régissent cette métamorphose ? Si seulement je le savais ! La Bible fait allusion à la chute, qu'elle présente comme la perte du paradis. Mais nous devons comprendre que celle-ci, au sens premier du terme, est une métaphore de la descente de notre âme sur la terre. De la fécondation à la naissance, l'embryon se développe. Ses premiers organes apparaissent et son cœur commence à battre. À la fin du premier trimestre, même s'il ne mesure que neuf centimètres, on distingue bien sa tête, son tronc, ses bras et ses jambes. Ce processus de création est commun à toutes les personnes qui viennent au monde. Nous nous incarnons alors dans une histoire, celle de notre famille, nos parents d'abord, nos frères et sœurs, autour de nous, mais aussi celle de nos ancêtres repartis dans l'univers primordial, dont nous recueillons l'énergie et la mémoire avant de descendre. Nous sommes comme le saphir se posant sur le microsillon d'un disque : nous nous inscrivons dans la partition que nous allons jouer. Voilà ce qui m'a été montré.

Avec le bagage que nous apportons, nos gènes et nos qualités innées, l'âme en somme, notre personnalité va se sculpter et s'affirmer. Très vite, nous découvrons nos limites et notre finitude : à l'état de toute-puissance de l'enfant (les parents pourvoient à tout, il suffit de pleurer pour être entendu, nourri, soigné, apaisé) succède une prise de conscience de soi-même et de son environnement. Cet apprentissage de l'autonomie est nécessaire à la construction de notre paysage intérieur et de nos relations avec autrui. C'est à l'occasion de nos rencontres que nous découvrons notre blessure, celle qui nous a le plus souvent marqués dans les premières années de notre vie.

Laissez-moi vous conter l'histoire d'Emmanuelle, une jeune quarantenaire pleine d'allant, vive et enthousiaste. Après des études de droit brillantes, elle s'est mariée et a donné naissance à deux enfants. Son époux dirige une entreprise d'une dizaine de salariés et ne compte pas ses heures de travail. Par un accord tacite, Emmanuelle a mis sa carrière entre parenthèses, afin de s'occuper pleinement des bambins. Son compagnon franchissant une étape importante dans la croissance de sa PME, elle a préféré s'effacer, le temps qu'il puisse atteindre une vitesse de croisière. Dans l'esprit d'Emmanuelle, c'était l'affaire de quelques années. Après, ils trouveraient une solution. Les enfants ont grandi. Ils ont douze et dix ans, mais rien n'a changé. Paul, le mari, travaille autant, voire davantage, et s'investit très peu dans la locomotive familiale, car il envisage d'ouvrir sa société au commerce international. Depuis quelques mois – combien ? Elle ne sait –, Emmanuelle sent monter en elle une rage froide dont elle n'identifie pas l'origine. Tout l'agace. La moindre contrariété la plonge dans un état de fébrilité. Elle menace d'exploser à chaque instant. En parallèle d'une thérapie comportementale, elle décide de me rencontrer pour interroger sous un autre angle son cheminement. Elle a récemment compris qu'elle avait ignoré son ambition au profit de celle de son mari et qu'elle en récoltait désormais les fruits tardifs.

Pour elle, cette prise de conscience s'est opérée comme une petite victoire. Elle parvient mieux à gérer ses émotions. Pourtant, volcan endormi, la colère menace. Emmanuelle sent que le gouvernail va lui échapper. En plus de son animosité, une peur chronique se fait jour dans sa conscience. Telle est à peu près la situation.

Au cours de ce rendez-vous particulier, de prime abord, je ne lui délivre pas de message. Je sens bien cette colère en elle ; moi-même, par empathie, je me sens coléreux. C'est souvent par ce biais que les informations extrasensorielles parviennent à mon cerveau. De manière anarchique et arbitraire, je suis bombardé de renseignements : événements, prénoms, dates et bien sûr, émotions. Avec Emmanuelle, j'interroge en moi cette colère et je me connecte à elle, qui m'apparaît alors toute petite, enclavée dans les bras de son papa qui l'embrasse. Sûrement un saut temporel. Dans la description qui m'est faite, la fillette joue et chahute sur le lit parental, et son père se montre plus tendre et câlin. Mais cette embrassade, plutôt que de m'attendrir, me raidit et me jette dans un immense désarroi. L'attitude de papa est insistante et intrusive. Terreur : je comprends ce qui est en train d'avoir lieu et je préfère sortir de cette vision asphyxiante. Emmanuelle n'a pas bronché, mais elle a bien senti mon trouble. Elle confirme chaque élément que je soumets à sa mémoire. Pendant plusieurs mois, elle a été victime des attouchements d'un père ténébreux, torturé, envahissant, qui lui fit promettre de garder le plus complet silence sur ses actes. Un psychanalyste l'a aidée du mieux qu'il pouvait. Avant de se marier, après la mort de son père, Emmanuelle pensait lui avoir pardonné.

Tout m'indique que sa brûlante colère est intimement liée aux abus de son papa. L'indifférence de son mari à ses ambitions personnelles, le sentiment qu'elle n'est pas libre de son désir d'avancer et de s'épanouir, ce *statu quo* la désole. Son travail personnel n'aura-t-il servi à rien ? Tout cela pour revenir au même point ? « La blessure ne se referme-t-elle donc jamais ? » me demande-t-elle d'un air abattu. Je lui propose de considérer les choses d'une autre perspective. A-t-elle déjà évoqué la spiritualité avec son psychanalyste de l'époque ou lors des séances chez son récent thérapeute ? Non, me répond-elle, étonnée. Pourquoi le devrait-elle ? Emmanuelle m'avoue tout de même qu'elle se sent très travaillée, « labourée intérieurement » selon ses termes. Pas sur un plan moral, mais dans son âme. Elle se sent assoiffée, elle éprouve un manque terrible de ne pouvoir parler de son rapport à sa vie intérieure. Son mari, matérialiste et athée, n'attend rien de ce côté-là. Quant aux amis, elle songe à cette naturopathe, qui discute d'intuition ou de spiritualité. C'est un bon début.

J'explique à Emmanuelle que sa blessure, profonde, celle d'un père abusif n'ayant jamais reconnu les faits, a été passée au crible par différents thérapeutes. Malgré tout, une colère terrible vocifère du tréfonds de son âme. Il s'agit d'une énergie fossilisée, dont les remugles se transforment en panique et en appréhension. Cette blessure est comme sa marque de fabrique, mais elle ne doit pas s'identifier à elle, sous peine d'en demeurer la victime. Il lui faut à tout prix s'en emparer, la découvrir et l'apprivoiser, car derrière la souffrance qu'elle lui inflige, c'est tout le sens de sa vie qui va se révéler. Autrement dit, l'idée serait de sortir des méandres psychologiques et de « spiritualiser » sa blessure. « Qu'allez-vous faire, sinon ? La combattre ? La ressasser jusqu'à l'âge de la vieillesse qui oublie tout ? » Un peu désemparée, Emmanuelle me demande comment elle doit agir. Bien sûr, il n'est pas question d'abandonner le travail accompli. C'est sur ces entrefaites que son père me souffle un message.

« Où en êtes-vous de vos études ? lui dis-je à brûle-pourpoint. Avez-vous achevé tous les cycles que vous aviez commencés ? – Bien entendu, me certifie-t-elle. J'ai même un diplôme d'avocat. Mais je ne me vois pas conseiller des entreprises ou des clients individuels. » Là-dessus, elle marque une pause, souffle un bon coup, sombre dans ses pensées. Puis, relevant la tête : « Ce qui m'exalterait vraiment, ce serait de défendre la cause animale. Depuis mon plus jeune âge, j'aime les animaux et si j'étais seule à décider, j'aurais une vraie ménagerie à la maison. Mais j'ai été forcée d'étouffer ce désir, car il ne correspondait pas à notre modèle, à mon mari et moi… » Alors qu'elle lâche ces mots comme des obus, une lumière nouvelle s'ébauche dans ses yeux. Elle est transfigurée. Je lui demande si elle saisit ce qui vient d'advenir. Non, même si elle affirme se sentir soulagée. Profitant de la brèche, je l'invite à faire le lien entre la violence incompréhensible de son père et son amour pour les bêtes. Elle prend alors conscience : en honorant son désir de soulager la souffrance animale, elle soignerait sa propre blessure ! Elle rééquilibrerait son fardeau. C'est en remarquant cette vie invisible, celle de son intuition, qui se tramait sous les événements, qu'Emmanuelle a pu révéler le dessein profond de son âme. En me quittant, elle me promet de me donner des nouvelles. J'ai appris qu'elle a trouvé une association défendant les animaux tyrannisés par leurs maîtres. Pour le compte de cette structure, elle plaide devant les tribunaux et obtient souvent justice. Les sommes récoltées lors des condamnations sont réinjectées dans l'insertion des bêtes. Un retournement intérieur, sans nul doute ! Emmanuelle ne travaille encore qu'à mi-temps, mais elle s'est déjà libérée de sa colère. Elle a su apprivoiser sa blessure profonde pour en faire une alliée.

Identifier notre blessure, c'est l'authentifier. Nous la reconnaissons, nous savons qu'elle constitue une part importante de notre histoire. Elle est notre zone d'ombre personnelle, mais aussi ce qui nous différencie. En la niant, nous lui cédons notre vie entière, car chaque fois que nous repassons sur elle, elle nous fait retomber dans les mêmes schémas. Mieux vaut la saluer et la bénir ! Sans ombre, point de lumière. J'aime cette citation du psychanalyste Carl Gustav Jung qui, dans *L'âme et la vie*, écrit : « La clarté ne naît pas de ce qu'on imagine le clair, mais de ce qu'on prend conscience de l'obscur ». Dans le cas d'Emmanuelle, l'obscur, les blessures de son enfance ont ouvert une anfractuosité. Par cette fêlure intérieure, elle a eu accès aux clés qui gouvernent sa vie. Et c'est en traversant l'épreuve qu'elle retrouve la lumière. Victime d'un père abusif, elle a implicitement validé sa soumission à un mari dominant, non pas sexuellement, mais par le pacte tacite qu'ils ont conclu : elle sera mère au foyer, lui s'épanouira dans son travail. Or, à l'image de l'enfant qui se retourne dans le ventre de sa mère quelques semaines avant l'accouchement, Emmanuelle a pris conscience qu'elle se heurtait aux mêmes schémas d'obéissance. Ne sachant pas comment changer de modèle, elle a vécu dix ans en automate. Mais désormais, elle apprend à se servir de sa blessure comme d'une force, elle s'en empare, l'apprivoise et vit avec elle. Elle en fait une vertu.

Notre blessure nous ramène vers notre être intime. Au bout du labyrinthe, nous nous libérons. C'est le sens, je crois, de l'adage maçonnique : « *Visita interiora terrae rectificando invenies occultum lapidem* », qui se traduit en français par : « Visite l'intérieur de la terre et en [te] rectifiant tu trouveras la pierre cachée ». Apparue au XVIe siècle, cette formule représente les principes secrets de l'alchimie. Visiter l'intérieur de la terre revient à plonger en soi-même. Se rectifier, c'est corriger les rouages qui ne fonctionnent plus dans notre vie. Emmanuelle a pu identifier ce qui la paralysait. Elle a « rectifié » le tir, retrouvé sa trajectoire, la pierre cachée. Comme les alchimistes, elle a transformé un charbon sale et sombre en une pierre unique, un diamant de valeur inestimable.

La croix

Parfois, certains événements anodins me font basculer dans un état modifié de conscience. Il s'agit d'une perception spéciale de la réalité, que l'on pourrait comparer à une rêverie, à une forme de transe, ou à un débordement d'enthousiasme qui vous endormirait à moitié le corps, mais pas l'esprit. Prenez l'exemple du mouvement du train : il vous berce et vous plonge dans une douce torpeur. Vous n'êtes pas endormi, mais vous n'êtes pas éveillé non plus. Certains assimilent cet état à l'hypnose : le sujet est conscient de son environnement, mais son mental s'est mis en veille, décroché, déconnecté. Dans cette situation, de nombreuses images peuvent se présenter à vous, ou alors des sons, des goûts, des odeurs, des perceptions tactiles. Tout. La plupart du temps, les sensations n'ont pas de cohérence particulière. Elles peuvent prendre racine dans des souvenirs ou des éléments du monde extérieur que l'on n'a pas forcément remarqués, ou représenter un amalgame de diverses circonstances que nous avons vécues. Comme tout un chacun, lorsque je m'assoupis dans un train, je suis traversé par une foule d'images et d'impressions qui apparaissent puis disparaissent. Les trois quarts du temps, je n'en garde aucune trace. Je ne suis d'ailleurs pas certain que ces instants possèdent une consistance avérée.

Cependant, en tant que médium, ma sensibilité est, je crois, un peu particulière. Avec le temps, les états modifiés de conscience sont devenus chez moi une sorte de seconde nature. Dans une certaine mesure, pas toujours, je suis capable de déconnecter une partie de mon mental, tout en gardant sa maîtrise. Cela se fait sans plus y penser. Mon cerveau, celui qui trie et analyse, laisse une bonne place à l'aile sensible, intuitive, de ma conscience. C'est ainsi que me parviennent les messages de l'autre monde. Je me sens investi, sans jamais être envahi, par l'âme de la personne d'outre-rive. « Habités », mes cinq sens sont mis à contribution et les souvenirs de l'être désincarné fournissent beaucoup de matériaux. Lorsque je passe des messages, je demeure très proche de la conscience, car j'ai besoin de discuter avec mes interlocuteurs. Mais avec Etty, c'est une autre histoire. Je suis presque toujours dans un état intermédiaire, celui de la rêverie dont je parlais plus haut. Sa présence seule dégage une telle énergie que je ne vois plus qu'elle, sans brouillage : des images ou des scènes qui feraient penser à des rêves sont chassées de mon paysage intérieur. Balayées par un souffle puissant. Le souffle d'Etty. C'est son esprit pénétrant qui est à l'œuvre. Je pense qu'elle doit fournir elle aussi une bonne dose d'énergie pour me rejoindre dans mes terres intérieures.

L'événement anodin m'ayant spontanément plongé dans un état altéré de conscience s'est précisément passé dans un train. J'étais assis, la tête reposant contre la fenêtre, regardant défiler le paysage à grande vitesse. Les écouteurs sur les oreilles, une symphonie de Mozart au menu, la quarantième. Je me rappelle très bien ce moment. Je m'étais dit que cette symphonie était peut-être la plus riche en thématique et en rythmique qu'avait orchestrée le génial compositeur. C'était le 15 avril 2019, vers vingt heures. Mon train s'est arrêté en pleine voie pendant quelques minutes. Un détail. Ce genre d'arrêts n'est pas rare. Des travaux sur la voie, peut-être ? Une panne de courant, un animal ? Durant ce court moment d'interruption de notre voyage, mon regard est attiré au loin par un grand feu. Des nappes de fumée semblent jeter leurs tentacules gris et noirs vers le ciel. Nous sommes arrêtés en rase campagne, des champs à perte de vue. Je me dis qu'il doit s'agir d'une ferme où l'on brûle du fumier. Mais ce feu est très impressionnant, il dépasse la simple combustion d'excréments ou de feuilles mortes qu'on aurait entassées ici et là. Il ressemble à un incendie. Je me demande si une grange n'est pas en train de brûler, car les volutes grimpent haut, très haut.

Dans mon compartiment, personne ne prête attention à ce que je vois. Face à moi, une mère donne le biberon à son nourrisson, qui tète goulûment. Dans la rangée de gauche, un vieux monsieur dort du sommeil du juste, la bouche entrouverte. Ailleurs, une femme pianote sur son ordinateur… Le train n'est pas complet, juste ce qu'il faut pour produire un murmure. Au milieu de ce qui n'est plus fumée, mais flammes, j'aperçois une forme humaine s'approcher. Cette fois, je sursaute. J'écarquille les yeux, avec un léger mouvement de recul, puis je colle mon nez à la vitre afin d'estomper les reflets : c'est Etty qui est là ! Bientôt, elle se tient devant moi. Elle n'est pas dans le train. Mais elle n'est pas à l'extérieur non plus. Par un effet d'optique que je ne peux expliquer, elle semble tout droit sortir des flammes qui lèchent le bâtiment. Cette superposition absurde n'est possible qu'à cause du décrochage de ma conscience. Je ne comprends pas ce qu'Etty fait là. Nous nous dévisageons. Ou plutôt, elle pose sur moi un regard plein de douceur. En réalité, ses yeux ne font pas que se poser sur moi, son regard parle, me parle. Dans la région de mon plexus solaire, juste autour du diaphragme, monte une chaleur diffuse. Je prends une grande inspiration, qui provoque un léger vertige. Comme si, silencieuse, mon amie me communiquait des informations cruciales, qui ne passeraient pas par mon cerveau, mais par un fil invisible. Un peu d'effort. Je plisse les yeux. Que dis-tu ? Etty ne bouge pas. Est-ce mon imagination qui m'a fait vivre ce moment onirique ? Je n'arrive pas à le distinguer clairement. Le train repart. Je cherche à garder le contact visuel avec Etty, mais la scène disparaît peu à peu de mon champ de vision.

Soudain, j'entends tout autour de moi de petits cris, puis de vives exclamations. Mes voisins ont tous saisi leur téléphone portable. Je me redresse. Je ne suis pas bien réveillé. La jeune mère a déposé son bébé dans son couffin, sur le fauteuil voisin. Le vieil homme est sorti de sa torpeur bienheureuse, alerté par les éclats de voix. La demoiselle à l'ordinateur a levé les yeux puis, comme les autres, s'est absorbée dans son téléphone. Je sors le mien et je remarque alors que je l'avais laissé en silencieux, sans y prêter attention. De nombreuses notifications surgissent au cours des minutes suivantes sur l'écran. Stupeur : Notre-Dame est en feu ! Les images sont impressionnantes, fascinantes même. Tout le monde découvre, presque en direct, l'ampleur de l'incendie qui ravage le toit de la cathédrale. Un peu frénétiquement, moi aussi, je passe d'une information à l'autre, d'une vidéo à la suivante, pour entendre et lire les mêmes choses, encore et encore, minute par minute. Au bout d'un certain temps, tout commence à revenir en boucle. Nous n'apprenons rien de nouveau. La charpente de Notre-Dame se consume inéluctablement. Les pompiers sont à l'œuvre et prennent des risques inouïs pour éteindre le foyer. Je suis saisi et comme prisonnier de ce qui se passe. Les flammes se sont mises à lécher le bâtiment, la cathédrale est perdue…

Et comme je reste collé à mon écran de téléphone, à rafraîchir les mêmes vidéos présentant les mêmes prises de vues, un mouvement intime m'incite à abandonner ma navigation et à laisser de côté l'appareil. Je touche le creux de mon épigastre, là où il y a quelques instants, j'avais ressenti cette douce chaleur. J'échange deux ou trois phrases avec la jeune femme qui me fait face. Elle se dit sous le choc. Elle est abasourdie, comme chacun d'entre nous. On peine à croire à un tel spectacle. Enfin, une demi-heure plus tard, le train entre en gare. De retour à Paris.

À Montparnasse, je hèle un taxi pour rentrer chez moi. Et pendant le trajet, la tête contre la vitre, ma conscience se décroche à nouveau. Des messages arrivent, je le sens, des messages importants. Je choisis de ne plus résister comme dans le train, où mon plexus restait contracté. Une fois à la maison, je déballe mes affaires et j'attrape un calepin afin d'y noter les pensées qui se pressent à ma conscience. J'ai coupé mon portable, je ne sais pas, alors, que la flèche s'est écroulée dans les flammes. Je commence à écrire. L'inspiration est là. Notre-Dame de Paris, cet imposant édifice, pourtant de taille humaine, a été le témoin de près de neuf siècles de vie parisienne. Au centre de la capitale et de l'histoire du pays, le kilomètre zéro, à partir duquel commencent toutes les routes. C'est le monument le plus visité d'Europe, source d'inspiration pour des enlumineurs comme

Jean Fouquet, des écrivains légendaires comme Victor Hugo, des peintres comme Henri Matisse, Marc Chagall, Le Douanier Rousseau. Sa flèche, ses rosaces splendides, son orgue, son parvis, sa crypte… C'est aussi un symbole religieux très puissant, un lieu de culte dynamique où sont célébrés plusieurs offices quotidiens. Tout cela vient de partir en fumée et cet événement m'interpelle. Qu'y a-t-il derrière un accident aussi funeste ?

La présence d'Etty infuse en moi. Je me confie intérieurement à elle : pourquoi réagissons-nous aux drames de manière si violente, émotive, instinctive ? Pourquoi restons-nous scotchés, ébahis, comme des enfants à la vitre ? Que signifie cette fascination morbide face à ces événements qui nous dépassent et dont personne n'est responsable ? Oh ! Bien sûr, Etty, tu ne vas pas me répondre comme ça, de but en blanc. Il se passe un bref moment de vide. Je traverse une cuvette intérieure. Ma pensée semble s'être perdue dans les méandres de mon cerveau. Cette sensation dans mon ventre récidive. L'énergie de mon corps se retrouve tout entière autour de ce nœud, de ce vortex. Je repense à ce que j'ai vu dans le train. Me trouvais-je aux confins de la conscience ? Dans un état hypnotique ? Rien n'indique que je rêvais. Je me souviens de tout si clairement. Etty se tenait là, immanente, à la fois hors d'atteinte et à portée de main. J'aurais presque pu la toucher… Ce qui est particulier, c'est que je suis en mesure de la décrire, car elle se présentait sous des traits humains. À d'autres moments dans nos rencontres, elle se dévoile comme une sensation, ou une image approximative. Un ressenti, mais jamais aussi délimité que les contours du visage que j'ai observé tout à l'heure. Oui, Etty, tu étais bien humaine, tangible, incarnée. Pas très grande, à ce que j'ai remarqué, mais menue, et vêtue d'une chemise blanche dont les deux premiers boutons étaient défaits. Ta jupe couleur taupe m'a fait penser à un kilt écossais. Ta coupe au carré, sobre, les cheveux recouvrant les oreilles, à la coiffure d'une étudiante. Voilà en peu de mots ton apparence.

Je voudrais graver en ma mémoire ces éléments d'observation. Mais ma pensée devient confuse. Une aura vibrante s'immisce dans mes sens, une sorte de brouillard s'empare de ma perception. Etty est belle et mystérieuse, je me sens envahi, tout petit face à l'intensité de sa présence. Elle irradie. Ses rayons rougissent mes pommettes, le bout et le dessus de mes doigts, accélèrent la circulation de mon sang. Galvanisé, j'ai l'impression d'être aspiré dans un tunnel. Toute proche, mais au fond du sillon, Etty est là. Je sens qu'elle se trouve à la fois dans notre monde et dans l'autre, que son corps de lumière tend à se matérialiser. Elle est le pont entre les deux univers. Etty est une messagère. Derrière elle se concentre l'énergie éternelle, c'est un point rayonnant, presque aveuglant, et de sa bouche surgit un mot, puis un second, pour former une phrase : « Ce qui brûle, c'est ce qui passe : il ne faut garder que l'essentiel. » Puis la pression se relâche, retombe. Etty est partie.

*

« Ce qui brûle, c'est ce qui passe : il ne faut garder que l'essentiel. » Cette phrase a surgi avec une spontanéité surprenante, une grande simplicité. C'est la vérité nue. Elle résonne avec une citation du prophète Mahomet, que j'avais inscrite il y a quelques années dans un carnet : « Sois en ce monde comme un étranger ou un voyageur qui passe son chemin ! » Est-ce possible qu'Etty soit allée extirper de ma mémoire les paroles du fondateur de l'islam ? Dans le monde où nous évoluons, cette maxime peut paraître folle. De nos jours, nous estimons unanimement (ou presque) que l'humanité sera sauvée par la technique et le progrès. Une telle doctrine a imbibé tout le XXe siècle : on y croyait déjà à l'aube de la Première Guerre mondiale. La formule d'Etty, je crois, nous appelle surtout à une forme de hauteur, de distance par rapport aux événements. Je ne parle pas d'indifférence ; il ne faut pas être insensible aux vicissitudes de la vie, aux souffrances des uns, aux drames des autres. Mais il s'agit de remettre chaque chose à sa juste place. Qu'est-ce qui est important pour nous ? La sauvegarde de nos monuments ou celle, par exemple, de la Nature ? Comment un peuple qui massacre ses insectes et ses oiseaux par millions peut-il pleurer pour une charpente en vieux chêne ? Nous vivons le pénible accouchement d'une prise de conscience planétaire, de nations et de régions du monde tout entières et, espérons-le, nos gouvernants suivront. Pour l'heure, comme le disait Jacques Chirac devant le IVe Sommet de la Terre, « notre maison brûle et nous regardons ailleurs ». C'était en 2002 et le monde continue de brûler. Notre seule maison, la maison Humanité.

L'incendie de Notre-Dame, aussi tragique soit-il, survient à notre époque comme une synchronicité collective. C'est une allégorie, une métaphore : celle de la combustion de notre monde, ce vieux monde qui entre dans une nouvelle ère. Car notre rapport à la terre est en train de changer. Nous prenons conscience que nous ne sommes pas, écrivait l'astrophysicien Hubert Reeves, en haut de la pyramide alimentaire, contrairement à ce que nous avons toujours cru. Parvenus au terme de milliers d'années d'évolution, nous voilà contraints de nous comporter comme des êtres faisant partie d'un tout, d'un écosystème dont nous nous découvrons dépendants. À travers ce bouleversement de toutes les conceptions, c'est aussi, et surtout, notre rapport à la spiritualité qui est interrogé.

Quelques jours après l'anéantissement de la charpente, du toit et de la flèche, le cœur de Notre-Dame, j'ai lu beaucoup d'articles de presse. La plume des journalistes allait dans tous les sens, mais quelques dépêches ont attiré mon attention. En voici trois :

« C'est le symbole de ce lendemain de l'incendie de la cathédrale Notre-Dame de Paris, capturé par le photographe Philippe Wojazer : la Croix brillante qui contraste avec les décombres, la fumée et le désastre causé par le feu. »

« La cathédrale brûle, Notre-Dame est en feu ! Les messages fusent de partout, les téléphones crépitent, les photos apocalyptiques inondent les réseaux sociaux, et la majestueuse flèche qui pointait vers le ciel s'effondre sous les yeux ahuris, terrassée par les flammes. Nous avons assisté, impuissants, à cet épouvantable drame. Que ces minutes me semblent interminables, voire insoutenables, alors que le feu poursuit son œuvre de destruction ! Que va-t-il rester de la cathédrale ? Disparaîtra-t-elle à jamais, sous un déluge de feu dévorant la dentelle de pierre et de verre multiséculaire ? À vue humaine, c'est un désastre. La charpente est détruite, ravagée par les flammes. Une partie de la voûte de pierre s'est écroulée. Malgré tout, après une nuit sans sommeil, j'éprouve une grande joie de voir encore, au lever du soleil, les deux tours dressées vers le ciel ! Et surtout, au milieu des décombres encore fumants, quelle émotion de voir la Croix glorieuse du Christ debout, au fond de la nef, ainsi que la célèbre statue de la Sainte Vierge, Notre-Dame du pilier. »

« La croix dorée intacte au-dessus de l'autel de Notre-Dame de Paris. Autour des cendres et des volutes de fumée qui témoignent de l'incendie qui ravage encore à ce moment-là la cathédrale. La photo est déjà forte telle quelle, mais le panache de fumée qui passe sur la croix, telle une lueur divine, lui donne un air de peinture de la Renaissance et un certain supplément d'âme. »

« Une lueur divine », « un supplément d'âme… » Journalistes et chroniqueurs ne s'y sont pas trompés ! Que peut bien représenter cette croix qui fit couler tant d'encre ? Dans le monde occidental, la croix chrétienne est l'un des symboles les plus parlants. Elle prend de très nombreuses formes géométriques. Il y a la croix latine, la plus célèbre, celle de l'Église, la croix orthodoxe, la croix de Lorraine, la croix tréflée, ancrée, pattée, de Saint-Pierre, de Jérusalem, de Malte, des templiers… Ce symbole existait sans doute des millénaires avant que le christianisme ne l'investisse de significations nouvelles. En tout cas, bien avant notre ère. Dans l'antiquité, la croix était vénérée en Égypte et en Syrie. Elle fut aussi une figuration des différents dieux solaires, consubstantiels à l'humanité, car ses branches étaient perçues comme des rayons. De la civilisation mésopotamienne aux sociétés amérindiennes qui précédèrent la conquête espagnole, on la retrouve partout. Le christianisme lui-même ne l'a pas toujours utilisée sous la forme que nous lui connaissons : l'Église primitive vénérait ce qu'on appelle le « chrisme », composé du croisement du X (*khi*) et du P (*rhô*), les deux premières lettres de « Christ » en grec ancien. Symbole de vie et de résurrection, la croix fut parfois emblème de mort : en témoigne la croix gammée du régime nazi. Bref, c'est une expression universelle de l'humanité.

À Paris, sur l'île de la Cité, un des joyaux du patrimoine mondial a brûlé. Mais la stupeur ne doit pas nous faire perdre de vue l'essentiel : rien n'a d'importance absolue, encore moins nos constructions humaines. Si nous ne relions pas la créature à son origine, si nous manquons d'accueillir le divin en nous, alors ces pierres resteront de marbre. Notre-Dame me fait penser à ces statues grecques conservées dans les musées, immobiles et muettes. Elles représentent des actions passées, des chefs-d'œuvre éternels de sculpture, qui dépassent l'entendement. Certes, tout cela est vrai. Mais aussi grandioses soient-elles, ces statues ne sont pas vivantes, ni les dieux qu'elles personnifient, ni même les hautes vertus auxquelles elles sont censées exhorter les spectateurs. Quand nous circulons devant sans les voir, en dévorant la culture tel un quatre-heures, sans les comprendre, sans y célébrer notre humanité, ces monuments du passé sont comme morts. Ce qu'il leur faut pour vivre, c'est un écho spirituel dans la poitrine de qui les contemple. Qui s'est jamais demandé ce que *Psyché ranimée par le baiser de l'amour*, d'Antonia Canova, ou la cathédrale de Paris pouvaient représenter ? Faisons donc un retour sur nous-mêmes ! Vivons tout, voyons tout, de l'intérieur !

Cette croix éblouissante dans une Notre-Dame calcinée, c'est l'image même du train sur lequel a embarqué le monde, de l'avancée de notre civilisation dans un drôle d'euphémisme qu'on nomme « progrès », alors qu'il a oublié en route la moitié de notre être. Cette croix qui brille de mille feux, plus puissants que les flammes elles-mêmes, montre à quel point il est devenu urgent, indispensable, de nous réconcilier avec notre corps lumineux. « Où est passée notre spiritualité ? » hurle au monde ce signe de résistance, de persistance du Divin. Qu'est-ce que la croix, sinon une sorte d'intersection nous invitant à faire le choix de notre avenir ? La Terre est à bout de souffle, chaque jour l'épuise davantage. Alors que les êtres humains se sont détournés durablement de leur être de lumière, nous semblons nous être concertés pour détruire celle qui nous donne vie et nourriture. Ces deux versants de notre époque sont liés, j'en suis certain. Et l'incendie d'un temple spirituel connu d'un bout à l'autre du globe survient comme un hasard étrange qui n'est pas sans rappeler les synchronicités. Quelle route allons-nous emprunter ?

Conjonction de notre humanité et de notre divinité, la croix m'évoque aussi l'espoir. Sur le plan horizontal, elle symbolise la vie terrestre, nos joies, nos peines, les événements qui jalonnent l'existence. Qu'il s'agisse des rencontres, du quotidien, du travail, des besoins naturels, la branche horizontale représente le

« temporel » commun à tous les êtres : c'est l'horizon fondamental et indépassable, si l'on veut, c'est notre humanité, notre vie intrinsèquement matérielle. L'agir et le faire. Sur le plan vertical, la croix symbolise la vie céleste. Nous sommes ici dans l'être, « l'être debout ». Notre ligne horizontale reçoit l'énergie venue d'en haut, celle de notre être de lumière, de notre Moi supérieur, augmenté. Cette énergie va de haut en bas, d'intérieur à extérieur. Elle émet des signaux, et ce sont ceux de l'intuition qui nous guide, des synchronicités que nous remarquons, des rêves que nous faisons la nuit, mais aussi de notre inspiration. Notre verticalité, c'est la relation que nous entretenons avec le monde invisible, qui ne peut aller sur cette terre sans l'horizontalité.

Cette alliance du corps et de l'âme constitue *l'être humain*. Être et humain à la fois. Être Homme. « Ce qui brûle, c'est ce qui passe : il ne faut garder que l'essentiel », m'a dit Etty. L'essentiel, c'est cette croix, l'union de notre part lumineuse et de notre part terrestre, diffusant ses mille rayons malgré les incendies. Au contact de ma messagère, je réalise qu'il est vital de me rallier à cette inspiration. L'homme a les pieds sur terre et la tête dans les étoiles. C'est pour cela que les plus grands monuments existent. Ils témoignent de l'inspiration divine à l'origine de chaque réalisation humaine. Sans aucun doute, Notre-Dame sera rebâtie par les plus illustres ingénieurs. Mais l'incendie qui l'a dévorée, de même que la pandémie qui sévit depuis l'année suivante, nous adresse une mise en garde qu'il faut prendre en compte, quoi qu'il en coûte : c'est le moment ou jamais d'investir notre habitat terrestre de notre dimension céleste.

Sanctuariser l'être humain : voilà le grand message. Notre demeure intérieure comme extérieure est sainte, sacrée. Il importe donc de soigner aussi bien le corps que l'âme. Notre Terre comme nos rapports humains. Subtil et fragile équilibre ! Nous jonglons, à la manière de ces acrobates, hauts dans le ciel, pouvant sombrer de leur filin au fond d'un abîme. Parfois, ils vacillent sur la gauche ou la droite, comme quand nous plongeons à tous crins dans la vie matérialiste et cynique. Parfois, ils se fixent en un point, paralysés, de peur de perdre leur assise, comme lorsque nous sommes tentés d'ignorer les appels du corps et nous coupons de nos émotions, de ce lien qui nous relie matériellement aux autres. À cet exigeant équilibre, véritable sainteté, nous sommes tous appelés, bien que nous ne soyons pas sans reproches ni défauts. Le mot de sainteté fait peur, il dégage une odeur d'encens et de dogmes religieux. Mais être saint ne veut pas dire être parfait. Cela signifie plutôt que nos histoires personnelles sont invitées à être sanctifiées, illuminées, transcendées par l'Esprit. Que leur sens ultime consiste à retrouver l'unité, à réunir les contraires, ou du moins abolir l'apparente contradiction entre esprit et matière. Sans cette spiritualisation *en devenir* de nos vies, nous nous voyons réduits à des bêtes de somme n'ayant pour but que la satisfaction des besoins primitifs. Réduits à voir en badauds les drames successifs se dérouler sous nos yeux impuissants. Cette sanctuarisation de l'être humain, l'élévation vibratoire de notre planète, n'est-ce pas l'avènement du Royaume des Cieux dont parlent les Évangiles ? Le nirvana des Orientaux ? La réunion des mondes visibles et invisibles chère aux mystiques ? La croix de Notre-Dame n'est pas demeurée intacte pour rien : debout au milieu des cendres de nos finitudes, elle nous promet l'éternité, celle d'une vie matérielle irriguée par la lumière.

Les mondes miroirs

Ce dimanche matin, je me suis levé tôt. D'ordinaire, j'adore traîner au lit le week-end. Le confinement a modifié le rythme des journées pour beaucoup d'entre nous. La généralisation du télétravail, auquel personne ne croyait il n'y a pas si longtemps, s'est révélée indispensable en cette période de crise. Mais le week-end reste le week-end. Je décide de sortir un moment et de m'éloigner de mon quartier. Il fait un temps radieux. Pas un chat dans les rues, pas une voiture, tout est fermé. Je n'ai jamais vu Paris aussi désert. La ville semble purgée de ses habitants. Comme dans ces westerns aux villes fantômes, où seul le vent hante les rues, faisant rouler les virevoltants… Les boulevards naguère encombrés de mille bruits mécaniques, comblés de passants, où l'on peut presque voir, en temps normal, les inspirations et les expirations de la capitale : vides. On entend même les oiseaux. J'ai l'impression d'être seul sur terre, comme dans la chanson Paris au mois d'août *de Charles Aznavour, ou pire, le film* Je suis une légende. *En revanche, pas de canards ni de biches à l'horizon… Cette sensation n'est pas désagréable. Se promener le long des quais hauts de la Seine glorifiés par ce printemps magnifique, sans âme qui vive aux environs, tient du surréalisme. Je crois que je n'aurai jamais l'occasion de revivre une telle ambiance. J'en goûte chaque fruit.*

Dans un silence assourdissant, je passe devant le Louvre. Ses façades ont l'air de m'épier. Quelque chose me laisse entendre que je suis en train de franchir la barrière invisible, mentale, du kilomètre réglementaire. De l'autre côté du fleuve, le musée d'Orsay se détache sur le fond de ciel bleu. Plus loin, à droite, comme en un rêve brumeux, la tour Eiffel dresse ses charpentes indifférentes à mes pensées. À mesure que j'évolue dans cette ville où ne s'aventurent que quelques voitures, je me sens agité, mais ne parviens pas à me l'expliquer. Cette onde spirituelle contraste avec la sérénité qui m'anime depuis le début de la promenade. Je décide brusquement de rentrer, fais volte-face, et me retrouve en une vingtaine de minutes à la maison. Encore ce silence, cette onde. Subitement, je ressens le besoin de ranger des papiers, du linge, un peu de tout sans ordre ni volonté. Je mets de la musique pour m'accompagner, mais je l'écoute distrait. Depuis mon retour, je ne suis pas seul, mais qui est là ? Etty doit être dans les parages.

Cette nuit, j'ai fait un rêve très court, où son visage m'apparaissait. Nous étions dans une gare et elle agitait la main depuis le quai opposé. Ses signes m'invitaient à nous retrouver. Puis elle se dissipa et, à la place, une jolie libellule, une « demoiselle » précisément, vint se placer devant moi. J'ai le souvenir que cette bestiole au corps bleu vert demeura un long moment à papillonner devant moi, remuant ses ailes dorées. C'était merveilleux. Soudain, elle aussi s'évanouit et je me réveillai en sursaut. Après avoir bu un verre d'eau, je me rendormis rapidement. Or, ce matin, en m'éveillant, j'avais la sensation très nette d'être attendu, qu'il y avait un rendez-vous à ne pas manquer. Étrange pour un dimanche confiné.

Las de ranger, je finis par abandonner le linge et les papiers, le téléphone et les mails, j'éteins la musique et je retourne à mon lit. La tête confortablement entourée de deux gros oreillers, je laisse le silence envahir la chambre, cessant de lui résister. Mes yeux se ferment, j'entre en méditation. Ma respiration se fait plus longue et, déjà, plusieurs images se présentent sous mes paupières. Mes mains sont jointes, un doux afflux sanguin les caresse. Mon oreille gauche se réchauffe. C'est elle. Du calme. La méditation va se transformer en vision. Lorsque je médite, je prête rarement attention aux images qui surviennent, ou du moins, je les laisse venir et me quitter. Mais ce matin, j'appelle mon amie lumineuse, j'établis de bon gré un contact avec elle. Il n'y a rien de contraint. C'est plutôt une vacuité intérieure, une disponibilité à sa présence. Oui, j'avais bien rendez-vous, mais avec Etty. Et pour rien au monde je ne manquerais cette rencontre.

Les yeux fermés, je parcours mon paysage intérieur. Un peu au-dessus de moi, je retrouve mon amie qui semble m'entraîner vers un groupe. Il y a là des personnages que je ne connais pas. Ils ont l'allure de prêtres. Peut-être sont-ce des moines, car un capuchon recouvre leur tête. Impossible de distinguer leur visage ou leurs yeux. Il m'est donné de m'approcher d'eux, à une distance respectable. Je tends la main : ils sont à ma portée, je pourrais les toucher si l'on me conduisait à le faire. Mais non, il n'y a pas de contact physique. Les moines sont diaphanes, comme transparents. Chacun occupe une place définie dans ce qui me semble être un amphithéâtre en plein air. Je ne distingue pas l'environnement. On dirait que quelqu'un l'a rendu flou. De quoi s'agit-il ? D'un conseil restreint ? D'une assemblée extraordinaire ? De quoi parle-t-on ici ? Je ne suis pas effrayé, au contraire, j'ai une grande confiance et un respect profond devant la sagesse que dégagent ces êtres inconnus.

Tout à coup, des sons émanent de ceux-ci. Tous s'expriment en même temps. Ce ne sont pas des paroles articulées, que je pourrais reconnaître ; plutôt une rumeur inintelligible, un murmure collectif s'évaporant dans l'atmosphère. Progressivement, chaque voix paraît se nouer à la suivante, les sons s'imbriquent et s'accordent pour ne devenir qu'un seul timbre, une voix chorale, limpide. Une mélopée s'élève, une litanie, comparable au style diatonique et modal des chants grégoriens. Je ne rêve pas, je suis au concert ! C'est un véritable récital de voix jamais entendues de toute ma vie. A capella *et à l'unisson, les moines élèvent dans le ciel un chant sacré que je pourrais toucher tant il comporte d'énergie. Je ne peux dire si les tessitures sont graves ou aiguës, masculines ou féminines. On dirait qu'elles sont tout cela à la fois. L'oreille humaine ne perçoit pas autant de degrés dans un même temps, c'est normalement impossible ! Ce serait une cacophonie indigeste. Mais ici, rien de semblable. Devant cette vision béate, Baudelaire s'exclamerait : « Là, tout n'est qu'ordre et beauté, luxe, calme et volupté ». En tant que musicien, j'ai la chance de pouvoir reconnaître les tonalités d'une mélodie rien qu'en l'écoutant, ce qu'on appelle « l'oreille absolue ». Spontanément, je peux dire si nous sommes en do majeur ou en fa mineur, par exemple, et savoir quelles notes sont jouées par des musiciens. Pourtant, mon oreille ne sert pas à grand-chose ici : cette forme chorale échappe à tout registre connu. S'il était articulé dans la vie courante, ou gravé sur un disque, ce chant ne serait pas audible, le disque n'émettrait que du silence, car il ne trouverait aucun relais dans la matière. Ce que j'entends là, jaillissant de l'amphithéâtre, c'est la somme de toutes les musiques, de toutes les formes musicales du monde, parfaitement agencées entre elles. Un condensé de tous les rythmes imaginables. La paix de ce spectacle est désarmante.*

Je tourne la tête vers ma gauche et j'avise Etty, un peu plus haut sur les gradins de l'amphithéâtre, accoudée sur son genou. Elle répond à mon regard, la tête penchée, d'un signe du menton pour m'encourager : « Regarde ! » Elle me sourit, heureuse de jouer l'intermédiaire et de m'offrir cette sublime expérience. À présent, c'est touchant, les personnages se répondent les uns aux autres. Telle voix se reflète dans sa voisine, ou la suivante dans celle qui lui est circulairement opposée, comme si toutes se réfléchissaient dans un miroir scintillant. Puis le brouillard se dissipe. Je me retrouve au bord d'une immense étendue d'eau, analogue à celles que l'on observe dans les grands espaces d'Amérique du Nord et du Canada. D'imposants sapins bordent ce lac majestueux, projetant leur ombre vénérable sur l'onde. La nuit est-elle tombée ? Il s'agit davantage d'un clair-obscur que du soir. En levant les yeux, je découvre alors une sorte de Lune dégageant une lumière ouatée, mystérieuse. Cet astre n'est pas notre Lune à nous. Elle lui ressemble dans sa forme, mais elle me fait l'effet d'une hostie, ronde, d'une blancheur éclatante, sans aspérités.

Abaissant la tête, je remarque que les voix s'impriment sur l'eau. Chaque vibration électrique crée de petits cercles, qui enduisent la surface en s'élargissant ; chaque variation de timbre dessine des boucles, des motifs, des arabesques dont le sens m'échappe. Tantôt, on dirait de grands huit un peu distendus, tantôt des formes géométriques simples : triangles, carrés, ovales, croix, étoiles… À nouveau, le symbole de l'infini parade à fleur d'eau. Je suis bouche bée, incapable de dire quoi que ce soit ou du moindre mouvement. Les impressions de la surface répliquent avec exactitude, telles des empreintes, à la voix chorale, au point que l'eau paraît aimantée par la musique. Elle se soulève, se repose, se retire. À certains endroits, comme la marée, elle recule ; à d'autres, elle fait mine de déborder et relâche sa pression. Elle enfle sans pour autant se disperser. Je distingue aussi des creux, des trous au milieu du lac, comme les vortex que provoquent les tourbillons marins. Tous ces puits, ces lignes et ces volutes forment une grande chorégraphie, tournent sur eux-mêmes, ballet impeccable qu'on ne verrait qu'à l'opéra.

Et tandis que je m'attarde (je resterais ici des heures et des jours !), je sens qu'Etty me tire par la manche, une fois, deux fois, trois fois… Et aussitôt j'ai la désagréable impression de descendre de plusieurs étages. La connexion est forte, Etty me tient la main avec fermeté, elle est avec moi, je ne crains rien. Mais je tombe, tombe, tombe. Ce qui survient ensuite dans ma conscience, devant mes yeux intérieurs, ce sont des mots, oui des mots qui eux-mêmes s'enlacent les uns aux autres dans une logique parfaite pour former des phrases. Ces mots reproduisent le parcours qu'exécutaient les formes géométriques tout à l'heure ; mais ce que j'admirais, démuni, interdit, un instant plus tôt, se révèle maintenant à moi sans réserve. Les mots deviennent limpides. Dans cet état de veille méditative, je peux absorber l'ensemble du message qu'Etty souhaite me transmettre. Qu'ai-je vu ? Les mondes miroirs. Deux mondes qui se réfléchissent. Notre terre, d'un côté, en sa nature majestueuse, figurée par un lac aux pins millénaires. Et l'autre monde, qui me fait face : c'est la danse infinie de la Création originelle, un chant de gloire perpétuel qui se déroule sous mes yeux. La célébration de la vie qui s'imprime et prend forme dans les mouvements de l'onde. Nos deux mondes s'interpénètrent comme deux amants dont les lèvres s'effleurent sans jamais se confondre. Ces deux amants partagent le même secret, celui de l'amour qu'on se chuchote à l'oreille et qu'eux seuls peuvent déchiffrer. D'un côté, des êtres que je dirais « galactiques », qui ne sont pas d'ici. Autour d'eux, dans la voûte céleste, des milliers d'étoiles et cette Lune pâle, fascinante. Du côté de la Terre, par effet de réfraction, le mouvement de l'eau qui réagit à la musique céleste. Une merveille. Etty, ne pourrai-je jamais te remercier des bienfaits que tu dispenses en moi ? Mais l'heure est déjà venue de repartir, il me faut retourner à ma vie quotidienne, te laisser, au moins pour le moment. Par un regard tu m'en donnes l'ordre et j'abaisse par degré mon niveau vibratoire, afin de sortir de cette contemplation. Je ne peux réprimer un bâillement achevant de m'extraire de cette atmosphère. En ouvrant les yeux, je regarde l'horloge : onze heures onze… une heure miroir !

*

Une question revient très souvent dans mes rendez-vous, celle des heures miroirs. Combien de fois m'a-t-on rapporté qu'à une heure avancée de la nuit, alors que toute la maisonnée avait depuis longtemps sombré dans le sommeil, un fidèle dormeur se voyait réveillé par un je-ne-sais-quoi mystérieux et qu'en ouvrant les yeux à demi pour allumer son portable ou le réveil il découvrait une heure miroir, cinq heures cinq, midi douze, seize heures seize ? Ces heures miroirs, on les retrouve partout. Certains se sentent presque « poursuivis » par des heures ou des dates qui se retrouvent et se croisent en permanence. Car il y a aussi des « dates miroirs » : récemment, une cliente me confiait que son bébé de six mois était né à la même date, le même jour et à la même heure que son grand-père. Un abonné de *Bruno : Un nouveau message*, notre chaîne YouTube, racontait il y a quelque temps une histoire singulière. Sa mère était décédée un quinze août, vingt ans auparavant. La sœur de celle-ci, dix ans plus tard, avait rendu l'âme un quinze août également. Et son père, après avoir lutté contre une maladie dégénérative, s'était éteint à son tour un quinze août. Dans sa grande humilité, le monsieur en question m'avouait qu'il ne pouvait que « constater » la répétition, mais qu'il ne croyait plus au hasard. Ces heures, ces dates miroirs nous montrent à quel point les univers visible et invisible se correspondent. Elles en sont une manifestation, une preuve tangible.

J'ai longuement évoqué les synchronicités dans mon premier ouvrage, *Les Thérapeutes du Ciel*[1]. Ceux qui me connaissent savent que c'est un de mes thèmes récurrents. Ce qui nous frappe dans les synchronicités, c'est qu'une réalité intérieure trouve sa résonance dans le monde extérieur. En abordant aujourd'hui le sujet des mondes miroirs, je me rends compte de l'étroitesse de notre vision. Ce que nous prenons pour des hasards ou des bizarreries (les heures et les dates miroirs, les synchronicités) sont en réalité comme des anomalies dans l'Univers. C'est l'incidence d'un monde sur l'autre. Ne parle-t-on pas de co-incidences ? La confrontation des deux mondes, loin d'être une opposition, génère toutes sortes d'étincelles qui se consument dans notre réalité. Comme le frottement de plaques tectoniques, phénomène qui crache de la lave et des flammes,

1. Michel Lafon, 2019.

suscite des tremblements de terre ou des tsunamis, invisibles dans leur grande majorité. Ce jaillissement que nous percevons dans les choses créées vient en réalité de la Création originelle. D'où les signes, les synchronicités, les heures et les dates miroirs. L'autre monde nous parle !

Pour l'islamologue Henri Corbin, qui évoque le grand poète et théologien soufi Ibn Arabi, « la Création, macrocosme cosmique, ombre visible de la lumière originelle, est d'abord une matérialisation du verbe divin. Aux conditions initiales de la création des mondes répond la créature imaginant aussi son monde ou ses mondes, poursuivant elle-même la création et la renouvelant[1] ». Cette citation est admirable et ô combien instructive. Elle nous parle justement des mondes miroirs. Nous répondons, dans notre univers créé, dans notre matérialité, au monde supérieur, celui des origines, le monde céleste. Au cours de ma vision, j'ai observé, je crois, une manifestation de ce monde des origines. Les personnages qui chantent à l'unisson se reflètent dans le monde créé, dans les créatures : nous, à savoir l'eau du lac, qui réagit au chant céleste. Il

---

1. *L'Imagination créatrice dans le soufisme d'Ibn Arabi*, Entrelacs, 2006.

y a la Création, et il y a les créatures, le monde d'en haut et le monde d'en bas. Les deux univers, les deux mondes se reflètent et interagissent. Ces mondes miroirs existent en interdépendance, en *intelligence*. Ils s'enlacent dans une danse sans fin, une chorégraphie amoureuse et sacrée. Ce n'est pas pour rien que dans toutes les religions, l'amour est tenu pour une somme d'émotions et d'actions saintes, bénies par le Divin.

Nous avons oublié notre origine, notre vraie nature, toute spirituelle, composée d'amour. Mais nos sens nous la rappellent. Tout ce qui en nous est sensible possède un lien avec le monde d'en haut. Quand mon ventre crie famine, quand j'ai très soif ou profondément sommeil, c'est mon corps qui exprime ses besoins. Mais au-delà de ces appétits primaires, c'est le miroir de la faim, de la soif, du soulagement qui se manifeste. La soif qu'a mon âme de s'épanouir, la faim de découvrir le sens de la vie, la nécessité de se soulager dans la méditation. Nous cherchons sans cesse l'autre partie de nous-mêmes, cette partie immergée, la plus importante. Ces paysages magnifiques dans lesquels j'ai été plongé ont leur correspondance parfaite dans notre monde. Qui ne s'est émerveillé devant un coucher de soleil, le surgissement d'une pleine lune, une prairie ou une avenue recouverte de neige au petit matin ? Qui n'a jamais levé les yeux au ciel, le soir, pour contempler la voûte céleste ? Cette beauté que nous admirons à l'extérieur, véritable don de la Nature que nos sens apprécient, reflète notre soif du beau, de la beauté originelle. Ce que nous contemplons du haut d'une montagne, dans un microscope, sur une photographie ou le long d'un littoral, c'est aussi l'univers intérieur, un au-delà de la vision qui nous évoque l'énergie de la création. Regarder une personne que l'on trouve belle, attirante, éveille en nous cette soif, cette nostalgie du beau ! Notre âme se rappelle la splendeur originelle, la beauté du monde, l'univers entier.

Notre soif, notre faim, celles dont notre corps attend la satiété, sont inextinguibles. Si notre soif et notre appétit humain ont leurs limites (un ventre bien rempli !), c'est la faim et la soif de notre âme pour le beau, le grand, la lumière qui s'expriment. Je pense ici à un épisode de l'Évangile selon saint Jean. Marquant l'étape d'un voyage éprouvant, Jésus s'assoit seul au bord d'un puits. Une Samaritaine s'approche alors pour en tirer de l'eau. « Donne-moi à boire ! » lui dit le Christ. Mais son interlocutrice, étonnée : « Comment toi, qui es Juif, me demandes-tu à boire, à moi qui suis une femme samaritaine ? »

Le peuple de Samarie formait en effet une caste méprisée par les habitants de Jérusalem… Dans sa bonté, Jésus promet alors de lui donner de « l'eau vive », une boisson bien plus puissante que celle du puits : « Quiconque boit de cette eau aura encore soif, dit-il, mais celui qui boira de l'eau que je lui donnerai n'aura jamais soif, et l'eau que je lui donnerai deviendra en lui une source qui jaillira jusque dans la vie éternelle. » Cette correspondance n'est-elle pas magnifique ? Le poète Arthur Rimbaud, lui aussi, dans ses *Vers nouveaux*, n'a de cesse de parler de cette « soif » qui le tiraille et qu'il retrouve partout :

« Non, plus ces boissons pures,
Ces fleurs d'eau pour verres ;
Légendes ni figures
Ne me désaltèrent ;
Chansonnier, ta filleule
C'est ma soif si folle ;
Hydre intime, sans gueule,
Qui mine et désole.
[…]
Les pigeons qui tremblent dans la prairie,
Le gibier, qui court et qui voit la nuit,
Les bêtes des eaux, la bête asservie,
Les derniers papillons !… ont soif aussi. »

Chez le jeune poète, la métaphore de la soif traduit un désir de liberté, d'amour, de création, de contemplation de toutes les beautés du monde, qu'aucune pourtant ne parvient à combler. Cette soif le suit, elle se niche dans les animaux, les feuilles, les nuages, les expressions les plus sauvages de la Nature, autant de miroirs réfléchissant le monde céleste. En écrivant ces lignes, je ne peux m'empêcher de partager avec vous quelques mots de l'écrivain François Cheng, extraits de ses *Cinq méditations sur la beauté*. Dans ce petit ouvrage, l'académicien nous livre des pépites de vérité, simples et accessibles. D'origine chinoise, François Cheng a été naturalisé en 1971. Sa double culture fait de lui un homme ouvert, dont chaque parole est empreinte de sincérité et de sagesse. Son nom chinois, Cheng Baoyi (littéralement « Celui qui embrasse l'unité »), illustre à merveille la recherche fondamentale de l'être humain. Pour le poète, ce qui relie les mondes visible et invisible, celui du corps physique et celui du corps de lumière, c'est la beauté. Dans sa « Quatrième méditation », il raconte comment la beauté de l'univers peut être perçue par les différentes spiritualités et religions. À propos du soufisme, une approche mystique et ésotérique de l'islam, Cheng cite un passage du maître Sultân Valad où le Créateur s'adresse à la créature : « L'univers ressemble à un corps dont la tête est dans le ciel et les pieds sur la terre. De même, le corps humain a son ciel et ses astres ; mais ce corps vit par l'âme. L'œil, l'oreille, la langue, vivent, voient, entendent, parlent, sentent grâce à l'âme. La vision, la clarté, la vie, les facultés de perception : tout vient de l'âme. C'est par l'intermédiaire de ce pouvoir de perception que l'on perçoit l'âme même. Quand l'âme quitte le corps, la beauté, le charme et l'éclat ne demeurent plus en lui. Sachez donc que toute la beauté se manifeste par le corps, mais qu'elle appartient à l'âme. » Cette vision de notre monde ne fait-elle pas penser au célèbre adage populaire : « Avoir les pieds sur terre et la tête dans les étoiles » ? Sultân Valad est mort en 1312. Sept siècles plus tard, sa parole vibre d'une actualité brûlante.

Lorsque le corps et l'âme ne sont pas alignés, les problèmes surgissent. Pour bien comprendre ce qui se joue dans cette réflexion, je voudrais vous raconter une anecdote. Il ne s'agit pas d'une illustration de la beauté à proprement parler, mais des rapports entre les mondes miroirs, celui de la matérialité et celui de l'intériorité. L'occasion m'a été donnée d'aider le cousin d'un de mes amis. Alors que je m'étais réservé une journée de mon agenda pour terminer une création musicale, j'ai été sollicité par Laurent. À bout de nerfs, cet homme avait grand besoin d'aide et me demandait de le recevoir en urgence. Il ressentait depuis quelques jours une sorte de goulot d'étranglement, une angoisse qui le pétrissait et lui interdisait toute activité. La situation devenait critique : en un mot, il suffoquait. Son problème était bien concret et il requérait désespérément mes conseils, c'est-à-dire ceux des petites âmes, pour trouver la solution. Le jour même, je lui ai proposé de me rejoindre chez moi et j'ai abandonné mes partitions et mon piano pour me consacrer à lui. Quand j'ai ouvert la porte à Laurent, il m'a souri timidement. Dans ses gestes et son regard, je constatais de la gêne, peut-être un sentiment de ridicule, à l'idée de réclamer mon soutien.

Quinze ans plus tôt, Laurent avait acheté un appartement dans le joli quartier des artistes, à Alésia, au sud de Paris. C'était un ancien immeuble usine, dont il avait reconverti un étage en loft, avec goût, me confiait-il, et même assez luxueusement. Tout allait pour le mieux jusqu'à ce que de nouveaux locataires, à l'étage supérieur, ne transforment sa vie en enfer en quelques années. Indélicats, bruyants, parfois sales et malveillants, ces voisins avaient accumulé les licences : nuisances sonores de jour comme de nuit, visites régulières de dealers, fêtes improvisées, je dirais même bacchanales ininterrompues, détritus dans l'escalier, menaces, insultes… J'en passe et des meilleures. À cela étaient venus s'ajouter des problèmes d'emploi. Après la difficile restructuration de son entreprise, Laurent s'était retrouvé au chômage. À cinquante-sept ans. Non sans courage, il avait décidé de monter sa propre société de conseil, en s'adressant à d'anciens clients. Il avait appris à vivre différemment, pas moins bien pour autant, car il s'était rendu compte qu'il avait passé sa vie à prendre les transports en commun, à travailler au bénéfice d'inconnus, soirs et week-ends, jusqu'à l'épuisement, négligeant son instinct qui tirait depuis un moment la sonnette d'alarme. Au moment de sa venue chez moi, Laurent s'était comme étiolé, flétri. Il avait perdu toute énergie, toute volonté de vivre et l'on craignait pour sa santé. « J'ai songé plusieurs fois à mettre fin à mes jours », m'avoua-t-il, désespéré. Laurent ne comprenait pas le sens de cette épreuve.

C'est dans ce contexte que je me suis retrouvé face à lui. Dès les premiers instants, on m'a suggéré que ses problèmes de voisinage ne constituaient pas la cause profonde de sa souffrance, mais des vecteurs périphériques, des ramifications. La véritable origine, c'était le deuil inachevé de sa maman et de son papa. Pour moi, il était important de comprendre ce qui, dans sa vie intérieure, son monde intime, se reflétait avec les nuisances de son monde extérieur, sensible, matériel. Autrement dit : qu'est-ce qui faisait miroir avec son cœur ? Sans le brusquer, je lui ai demandé si, au fond de lui, il avait jamais fini de pleurer ses deux parents chéris, et si cette famille pleine d'amour, qui tenait par la présence du couple parental exemplaire, n'avait pas plus ou moins sombré, lui ôtant depuis ce jour le goût de vivre. Tel était le message commun de son père et sa mère. Les yeux pleins de larmes, Laurent m'a confié qu'il ne s'était jamais remis de leur départ. Comme il les adorait ! Et comme ils lui manquaient ! La voix douce et enveloppante de maman (« Je crois l'entendre par ta bouche, Bruno ! »), l'autorité subtile et débonnaire de papa, soucieux du bien-être familial, tout cela représentait sa référence absolue en matière de conduite.

Rebondissant sur cette remarque, je lui ai demandé : « N'y a-t-il pas chez vous un désir irrésistible de vous renouveler ? De faire table rase ? Quid d'un déménagement ? D'un vrai changement de vie ? » Son père parti dans la lumière se réjouissait de lui proposer un tel pari. Les yeux de Laurent se sont alors éclairés d'un jour nouveau : cela faisait des années qu'il pensait à s'en aller dans le sud de la France. Marseille ? Cannes ? « Non, Bruno. Plutôt Nice, Menton ! » Voilà la suggestion, le beau message de ses parents : les nuisances insupportables de son environnement physique étaient l'écho de son propre ras-le-bol, de son besoin de tout plaquer à Paris pour partir, se réinventer, changer radicalement d'existence. Depuis la mort de ses parents et son licenciement, il n'entendait pas son âme lui crier : ailleurs ! Il se trouvait comme sourd, en désaccord avec l'univers. Laurent a désormais vendu son loft parisien et s'est installé près de la frontière italienne, où il profite de la vie, en harmonie avec son entourage, aligné entre sa vie extérieure et sa vie intérieure. En lui, les mondes miroirs se sont réconciliés, car il a fait l'expérience de leur unité.

Pensée magique

C'est le milieu de l'après-midi, mais il commence déjà à faire nuit. En cette fin d'année, les jours ont fortement raccourci. Novembre et décembre sont des mois courts ; nos yeux sont davantage plongés dans l'obscurité, le soleil nous stimule moins et il est parfois difficile pour certains de rester privés de lumière. Nous avançons vers la pleine nuit de l'hiver. Symboliquement, les choses se vivent dans le secret de notre cœur, par opposition au soleil d'août qui nous incite à vivre à l'extérieur, à nous déshabiller. Il va bientôt faire nuit, et dans l'arrière-plan de ma pensée se manifestent deux personnages. Comme si elles étaient au fond d'une piscine, ces silhouettes remontent main dans la main, lentement, à la surface de ma conscience. Sentant venir des messages, je règle mon ordinateur sur une fréquence musicale tranquille. Cette fois, je n'appréhende pas le décrochage, je ne me prépare pas à la traversée. J'ouvre mon cœur, c'est tout. Mes muscles se relâchent. J'ai envie d'écrire. Je saisis du papier et un crayon, puis laisse voguer mes pensées.

Très rapidement, je me sens guidé. Ma plume n'est plus la mienne. C'est maman qui est là, avec Etty ! Elles viennent ensemble me visiter ce soir. Je reconnais, distincte, leurs présences respectives. Il y a longtemps que ma mère ne m'a pas parlé, mais la savoir avec Etty ne me surprend qu'à moitié. Charmé par cette rencontre qui me revigore, j'autorise leur force douce, pleine d'assurance, à s'emparer de moi. Je me sens apaisé. Je les observe rire toutes les deux et me regarder en retour avec tendresse. À les sentir si proches de moi, ensemble, si complices, je me dis que « rien n'a d'importance si ce n'est l'amour qu'on échange ». C'est Etty qui me suggère cette belle pensée. Et tout de suite après, j'ai l'impression d'être à ma place, au bon endroit, au bon moment, comme elles : voilà ce qu'on appelle un « être heureux ». En moi, on joue une note parfaitement juste au violon, harmonieuse, un accord parfait faisant du bien à entendre. Etty m'encourage à poursuivre l'écriture de ce livre, que j'ai délaissé depuis plusieurs semaines. « Le temps est venu », murmure-t-elle. Les enseignements inspirés de ma sœur invisible sont une nourriture pour ma vie.

Ma mère, qui est à côté d'elle, se montre plus discrète. Je la perçois, mais avec moins de netteté. Peut-être libère-t-elle de la place dans mon esprit pour que je reçoive ce qui va suivre. Par images énergiques, volontaires, Etty m'emmène alors dans toutes sortes de dédales nébuleux. Je suis plongé à l'intérieur d'architectures tubulaires, molles et malléables.

Ce circuit démarre comme une montée en force, de celles que l'on trouve sur les grands huit des fêtes foraines et qui nous font pour le moins frissonner. Une lumière s'allume, faible, mais prenant de l'ampleur, de plus en plus chatoyante et crue. Je suis embarqué dans un voyage de la pensée. Les images se succèdent, d'une intensité progressive. Un navire roulant sur les flots, ballotté de gauche et de droite. Une moto dans la campagne lancée à bonne allure. Je me vois ensuite en train de planer, oiseau porté par les vents. Puis, après un piqué, je me retrouve sur une sorte de luge olympique à dévaler la pente d'une montagne gelée. J'ai à peine le temps de regarder autour de moi, les parois sont poreuses et transparentes. Il y a comme des ombres dans les artères qui me croisent. D'autres formes semblent aller vers là d'où je viens, mais c'est si rapide… Tout part dans tous les sens, il n'y a aucune cohérence que je pourrais appréhender. Gardant la tête froide, je me concentre sur l'horizon : j'aperçois une lumière, qui se rapproche à mesure que j'avance. Très vite, elle se transforme en éclat. Ce sont des grains lumineux ; comme ces photons que décrivent les scientifiques, ils sont porteurs d'informations, ils sont de l'information. J'ai l'impression de les ingérer. Ma luge se bloque dans un obstacle et je suis projeté en avant, mais déjà le temps s'est suspendu. Je flotte au milieu des points phosphorescents et je crois en chacun discerner un visage, ou une phrase, ou des chiffres, ou un symbole…

C'est cela : les messages qu'Etty m'envoie, elle me montre qu'ils sont véhiculés par la lumière ! Ils sont porteurs de matière et cette matière est de l'énergie brute, fondamentale, première. Elle vient traverser mon esprit et accomplit son chemin en une fraction de seconde. Mon cerveau interprète ces messages à travers les sens, il traduit, il est « engrammé », informé : je peux alors voir, entendre, sentir, goûter, toucher, penser, me souvenir… Tout circule via *la sensibilité humaine. Tout passe donc dans mon cerveau et dans le reste de mon corps, comme un super transistor qui capte et émet des ondes à la fois. Le voyage que je vis est une allégorie de celui de la pensée. Ces grains de lumière, petits paquets d'informations, reçoivent l'impulsion de notre volonté, de notre intention. Aujourd'hui, j'entrevois le processus de création et de transmission de la pensée.*

Je sors un instant de cette vision puissante, comme rappelé à la réalité. Mais d'un coup, une autre montagne du grand huit emporte ma vue. Je suis arraché à la pesanteur et me voilà reparti à toute vitesse, presque contre ma volonté. Ce n'est pas une sensation de vertige, plutôt celle que doit ressentir un homme lorsqu'il s'envole en deltaplane, ou un coursier n'ayant pour motivation que de chevaucher le plus vite possible, coûte que coûte, afin de délivrer son pli. C'est sa seule raison d'être, sa seule mission et il s'y emploie à la perfection. J'écume les couloirs méandreux de l'espace et du temps, puis à un moment donné, tout semble se tordre, se déformer, dans une poussée exponentielle. Tels des cordages, ces couloirs deviennent presque solides, s'enroulent les uns autour des autres, se nouent et s'accouplent, vivants. J'assiste à ce spectacle avant d'être finalement expulsé du tunnel. Alors les filaments se déroulent, et de ma mémoire surgissent des réminiscences de l'enfance. Les souvenirs se déplient d'eux-mêmes, délicatement, comme s'ils se dégageaient de leur captivité. Pouvant choisir entre mille, j'en empoigne un. Je me vois petit garçon, dans la cuisine encombrée de notre maison. Je ne suis pas bien vieux, car ma tête dépasse à peine le rebord de la table. Je me hisse sur une chaise vide. Ma mère est aux fourneaux. Il y a un délicieux repas en préparation ! J'admire ses gestes méticuleux, sa dextérité. Chacun de ses mouvements semble suivre sa pensée à la lettre, impeccable. Elle maîtrise l'enchaînement de ces gestes répétés à l'infini. Je ressens de l'impatience et je surprends mon estomac à gargouiller. Ce qui est étrange, c'est que je suis à la fois témoin et acteur de cette scène. Mon moi s'est dédoublé, en celui qui se souvient, tel un spectateur, et celui qui agit, observe sa mère en pleine préparation du repas. Je ne rêve pas, car cette perception se prolonge dans ma réalité : mes narines sont inondées d'un parfum curieux. Oui, il y a une odeur dans la maison. De la noix de muscade…

Mes yeux, jusque-là mi-clos, finissent de s'ouvrir, pénible arrachement à cet univers fabuleux… Je me dis qu'un voisin cuisine son dîner et que les effluves de sa tambouille ont traversé, Dieu sait comment, les murs épais de l'immeuble. Plus de trace d'Etty, plus de trace de ma mère. Je suis un peu déçu et frustré, j'aurais adoré prolonger cette expérience, qui ne faisait selon moi que commencer. Mais je garde en bouche un merveilleux souvenir de cette expédition. Savoir ma mère en compagnie d'Etty, tout là-haut, tout près de moi, c'est comme un somptueux dessert qu'on m'aurait servi sans prévenir. Pourquoi m'a-t-on envoyé des messages aussi fragmentaires ? Et le cœur gros de ces interrogations, je décide d'aller moi aussi préparer le repas.

*

Annick, ma mère, usait souvent d'expressions populaires. Quand j'étais petit et que je m'impatientais pour un rien, elle me disait : « Minute, papillon ! » Ou encore : « Patience et longueur de temps font plus que force ni que rage ». C'était sa façon à elle de me calmer, de me faire comprendre qu'il n'y avait pas lieu de se presser. Que tout arrive à point nommé. Parfois, je m'agitais à dessein, notamment au moment des repas, lorsque le temps s'étendait à l'infini et que mon ventre se mettait à gargouiller tellement ça sentait bon… Je m'agitais juste pour l'entendre me rassurer : « Petit à petit, l'oiseau fait son nid ». C'est bientôt prêt. Maman était une excellente cuisinière, en particulier le week-end, car c'était les deux journées de la semaine où chacun avait plus de temps. Les autres jours, les repas étaient expédiés, vite fait bien fait. Il fallait s'occuper des six enfants et ceux qui comme moi ont connu les familles nombreuses savent que les déjeuners et les dîners tournent au casse-tête.

Il n'empêche, le week-end c'était fête, d'autant plus que mes parents recevaient souvent de la famille. Les plats s'enchaînaient comme au restaurant pour notre plus grand plaisir. Le gratin dauphinois et la tarte aux pommes étaient deux des recettes préférées de ma mère. Le dimanche, alors que je prenais mon petit-déjeuner, elle se tenait déjà devant la cuisinière, et je lui demandais toujours de me garder de la pâte non utilisée, qu'elle plaçait dans un petit moule à tarte et enfournait avec le reste. Ah, les petits moules de mon enfance ! L'un de mes rares privilèges enfantins… Je goûtais avec délices les pâtisseries qu'elle préparait, et je m'exclamais : « Oh maman ! C'est si bon ! Qu'est-ce que tu as mis dedans ? » Elle énumérait rapidement quelques ingrédients, farine, levure, chocolat ou pommes, sucre, puis elle précisait, un petit air complice et mystérieux au fond de l'œil : « Mais j'ai surtout rajouté de l'amour de maman ». Quelle émotion d'entendre ma mère ! L'impatience qui était la mienne avait besoin d'être sans cesse rassurée. Avec l'âge, j'ai appris à temporiser, à ne plus m'emporter ou piaffer d'empressement, d'autant que ma mère, aujourd'hui, du haut de son ciel, tout proche de ma terre, continue de me réserver de jolies surprises, comme l'illustre sa venue avec Etty. Minute, papillon !

Si ma mère connaissait le temps des choses de la vie, elle m'a aidé à comprendre qu'il ne sert à rien de vouloir le raccourcir. « Rome ne s'est pas faite en un jour. » C'est vrai, notre époque souhaite aller vite, toujours plus vite. Le temps devient un piège dont on ne sait comment sortir. On finit par classer les personnes, les objets, les émotions, les événements dans des catégories de plus en plus spécifiques, de plus en plus larges. Ou l'on relativise tout et, dans ce cas, les étiquettes se multiplient. Ou l'on simplifie à outrance : beau ou laid, bon ou mauvais, bien ou mal… Dans le même temps, les informations que nous collectons de l'extérieur se succèdent à un rythme infini. Internet démultiplie les sources de connaissances et pourtant, bizarrerie qui nous est propre, nous réduisons comme peau de chagrin l'espace consacré à la vraie pensée.

Comme dans la vision que m'a envoyée Etty, les réflexions se manifestent à des vitesses prodigieuses et nos communications (téléphone, satellites, 3G, 4G, 5G…) sont décuplées. On devrait s'émerveiller de la diversité de tel paysage, telle culture, ou telle région du monde. Mais l'étonnement, premier moteur de toute philosophie, est aussitôt chassé par une autre curiosité, une autre nouveauté à découvrir. Parvenus à la fin de la journée ou de la semaine, qu'avons-nous appris ? Rien, semble-t-il.

Bref, nous ne prenons plus le temps, et cela conduit à un appauvrissement de notre vie intérieure. Le déficit commun d'ancrage dans la réalité restreint l'amplitude de nos pensées et, partant, de notre créativité. Je ne jette la pierre à personne : cette façon de catégoriser, de « faire défiler » les choses, nous la pratiquons tous à plus ou moins grande échelle. Elle régit désormais les rapports humains, mais pollue la sphère intellectuelle. On peut parler d'interférences permanentes, de réactions primaires aux stimuli extérieurs, qui entravent la capacité à se recentrer dont dispose chaque être humain. Ce n'est pas avec les réseaux sociaux, les grands journaux, la télévision ou les sites de rencontre que nous pourrons nous reconnecter à notre être de lumière !

Cet état de fait nous maintient la tête sous l'eau et suscite en nous une profonde impuissance : comment se renouveler, comment changer, comment résoudre ses problèmes sans faire appel à une forme de spiritualité ? À défaut de religion, de croyance ou de mysticisme, nous rétablissons l'équilibre avec notre part lumineuse en cherchant des solutions magiques à nos tourments. Combien de recettes miracles existe-t-il de par le monde, promettant de faire perdre du poids à leurs acheteurs, avec des effets boomerang évidents et, pour la plupart, un retour à la case départ après quelques mois ? Ces solutions prêtes à l'emploi, il en existe des milliers, sur tous les sujets qui préoccupent les gens, le quotient intellectuel, la digestion, les économies ou les investissements, et même la taille du membre inférieur… C'est dire que nous sommes dans l'époque de la pensée magique.

La littérature New Age n'a pas manqué de surfer sur la vague. Quand j'avais dix-sept ou dix-huit ans, je suis un jour rentré triomphant à la maison en brandissant à la main un livre qui expliquait « tout de la vie » (sic). Cet opuscule, dont j'ai aujourd'hui oublié le nom et l'auteur, martelait chapitre après chapitre le commandement suprême stipulant de traquer ses pensées morbides, négatives, et de ne s'attarder que sur les pensées d'amour et de bienveillance, en récitant, chaque fois qu'il le fallait, des genres de mantras. L'effet devait être spectaculaire et résoudre de nombreux problèmes existentiels ou relationnels. Je me souviens d'avoir raconté tout cela à ma mère, qui paraissait tout à fait passionnée. Et je me suis engagé à suivre à la lettre cette bible de la pensée magique, m'assurant, j'en étais convaincu, une réussite dans de larges domaines. Si je ne me trompe pas, j'ai tenu trois jours. Me préparant à passer mon baccalauréat, je me suis rapidement remis à mes révisions, lectures, répétitions, exercices. Avec du travail et peut-être un peu de chance, eh bien, j'ai décroché mon diplôme. Exit la pensée magique !

Vivre prend du temps, progresser aussi. C'est donc petit à petit que l'on change. En profondeur et non en superficie. Nos processus intérieurs ne se sont pas installés du jour au lendemain. Nous avons pris l'habitude de penser dans un certain univers et nous sommes construits ainsi. Les ressorts de la souffrance ou des blessures sont parfois si profonds qu'il faut des années avant d'épouser une nouvelle énergie, un nouveau comportement. Ne tombons pas dans l'erreur d'espérer changer les choses *avec notre seule volonté* ou avec des « trucs ». Rien dans la pensée magique n'est efficace, si ce n'est pour prendre notre argent, épuiser nos forces et nous détourner des conquêtes de la spiritualité. Le meilleur exemple est celui de la publicité : elle nous abreuve de pensées magiques, nous lance des signaux intempestifs de rêve et de mieux-être, qui ne pourront s'accomplir que par l'achat, l'acte le plus superficiel qui soit. La publicité se contente de satisfaire notre ego meurtri et nos besoins primitifs, en glissant sur la peur et la frustration. Une voiture dernier cri, une croisière idéale dans l'océan Indien, un nouveau téléphone ou une application : c'est là l'unique aboutissement qu'elle nous propose. Ce n'est pas demain la veille que ces babioles ou ces expériences atténueront nos tensions intérieures !

La pensée magique, c'est aussi notre consommation démesurée d'antidépresseurs et d'anxiolytiques, dont tout nous pousse à nous remplir l'estomac. Besoin d'air, de liberté ? De s'échapper de la routine, de l'ennui, de la vie ordinaire ? Il y a un cachet pour tout. Outre les personnes qui en ont réellement besoin parce que la souffrance est trop forte, ce que promet ce type de pratiques n'est rien qu'une bouffée d'oxygène de plus avant que nos soucis reviennent nous hanter. Et le pire, c'est qu'au bout du compte, cela fonctionne très bien, puisque nous suivons les modèles qui nous sont imposés. Nous y sommes inféodés, nous n'en connaissons pas d'autres. Tout notre parcours ici-bas est fléché de la naissance à la mort. Tout est encadré, ponctué. Mais à la lumière d'une pandémie comme celle que nous subissons, les belles certitudes s'envolent ! Et la pensée magique s'enflamme : on cherche les responsables avec autant de frénésie que les remèdes. Aucune réponse ne nous satisfait. Il n'est que d'entendre les voix discordantes dans la communauté scientifique et politique. C'est la panique, tout le monde empoigne une nouvelle certitude, de nouveaux grands prêtres sortent du chapeau : cette fois, qui va nous sauver ? La peur s'instille, tout comme la colère et l'incompréhension, nourries par l'ambiance anxiogène dans laquelle on nous fait mijoter. Nous nous apercevons soudain que l'existence ne repose sur rien de concret, puisque les constructions humaines peuvent s'effondrer. Dénués de fondations spirituelles, nous nous réfugions dans ces préceptes matérialistes qui nous procurent une illusion de sécurité – le piège le plus pernicieux.

Je songe ici à Mona Ozouf. Dans ses livres sur l'éducation et la Révolution française, cette historienne et philosophe de renom nous met en garde contre la simplification extrême de nos raisonnements contemporains. Sans même le remarquer, nous reproduisons aujourd'hui les schémas simplistes qu'ont de tout temps utilisés les dictateurs. L'époque à laquelle Etty a vécu en est un triste exemple. C'est par des jugements à l'emporte-pièce répétés indéfiniment que les pires pensées de haine et de souffrance se sont répandues. Un homme d'abord, puis un groupe d'hommes, puis toute une nation finissent par accéder à des logiques fallacieuses et réductrices : l'exclusion et l'assassinat des Juifs, l'esprit de vengeance qui animait la France après 1870 et l'Allemagne après 1918, le capitalisme débridé qui a suivi la crise de 2008… Ne voit-on pas fleurir partout une vindicte populaire, hâtive, lapidaire, établissant des tribunaux sur les plateformes numériques ? Mona Ozouf appelle à une complexification de notre approche. Rien n'est binaire, ni dans la vie ni dans la société. Tout dépend, à l'état individuel ou collectif, d'un contexte, d'un environnement qui ne peut tenir dans des jugements expéditifs. Nous ne sommes plus, heureusement, dans nos pays européens, sous l'emprise d'un seul homme, « l'homme providentiel ». Mais à y regarder de plus près, notre société s'est laissé enfermer dans une forme rampante de dictature de la pensée. Les images ont envahi notre quotidien. Des heures par jour, elles prennent la place de nos pensées. Elles affluent de toutes parts. Nous nous sommes mis à leur merci. Or, pour Mona Ozouf, « l'imagination n'est pas à l'aise dans un monde peuplé d'images ». Ce système signe la démission de l'indépendance intellectuelle.

Les détresses que nous traversons, personnelles ou communes, sont significatives de nos enfermements, de nos fonctionnements binaires. J'aimerais citer ici un extrait *Du bon usage des crises* de Christiane Singer : « J'ai gagné la certitude, en cours de route, que les catastrophes sont là pour nous éviter le pire. Et le pire, comment pourrais-je exprimer ce qu'est le pire ? Le pire, c'est bel et bien d'avoir traversé la vie sans naufrages, d'être resté à la surface des choses, d'avoir dansé au bal des ombres, d'avoir pataugé dans ces marécages des on-dit, des apparences, de n'avoir jamais été précipité dans une autre dimension. […] La crise sert en quelque sorte de bélier pour enfoncer les portes de ces forteresses où nous nous tenons murés, avec tout l'arsenal de notre personnalité, tout ce que nous croyons être [...]. » Tout ce que nous croyons être, c'est-à-dire faussement informés, aveuglés par la lumière factice des écrans, des signalétiques, de la course absurde à une croissance qui a déjà délaissé tant et tant de malheureux. « Du pain et des jeux », disait-on dans la Rome antique, quand on réfléchissait aux moyens de faire taire le peuple. Nos sociétés sont asphyxiées par l'idéologie dominante, qui accorde la préséance inconditionnelle au travail, à la récréation et la nourriture.

Mais la pensée, une fois dégagée de sa gangue sociale, renferme un pouvoir créatif insoupçonné. En se détachant peu à peu des images projetées par le monde extérieur, qui ne sont que des ombres, comme dans la caverne de Platon, elle revit. L'imagination reprend ses droits. Dans son roman *Provinciales*, Jean Giraudoux a écrit cette pensée de génie : « Ferme les yeux. Tout ce que tu vois t'appartient. » Nous sommes en mesure de (re)trouver la liberté qui se cache dans toute pensée. Il suffit de fermer les yeux et de laisser notre âme nous guider. C'est là que nous redécouvrons le désir de grandir, d'évoluer, de nous réjouir. Revenons à la vision au cours de laquelle Etty m'a fait découvrir la mystérieuse genèse de la pensée. Ces grands huit où je me suis retrouvé propulsé, ces petits paquets d'information qu'on aurait dit transportés dans les wagonnets de la conscience, cette fulgurance surtout, l'extrême rapidité avec laquelle les informations explorent les galeries spirituelles, enfin l'expulsion de cette matrice qui m'a amené dans un souvenir d'enfance : au long du voyage, j'avais à l'esprit l'idée que des milliards de pensées labourent notre conscience. Il y en a tant ! Où vont-elles ? À qui appartiennent-elles ? Que deviennent-elles ?

J'ai dégagé de ce processus trois idées fortes. D'abord, la pensée seule ne peut rien. Elle va et vient, sans direction la plupart du temps, au fil de nos pérégrinations. On part acheter du pain, on se rend à un rendez-vous chez le dentiste, on discute avec des amis et nos pensées accompagnent ces mouvements. Presque toutes naissent et disparaissent sans se faire remarquer. Elles n'ont pas de fondement ni d'objet particulier, elles nous traversent avant de rejoindre la nébuleuse des autres. Second point : parmi elles, certaines reviennent en boucle, relayées par les émotions que nous ressentons, de la peur à la joie, de l'impatience au désir. Tandis que je fais la queue à la boulangerie, mes pensées s'ordonnent autour d'une ou plusieurs émotions. Admettons que je songe à mon prochain rendez-vous amoureux. Deux émotions m'assaillent : une angoisse proche du trac (ce sont les enjeux de l'événement), et un espoir, celui que cette rencontre ait une issue favorable. La pensée, pour prendre vie, doit ainsi être charpentée par les émotions, ses moteurs ou ses véhicules. De la même manière, pour germer jusqu'à la conscience, les émotions doivent être animées par la pensée.

Quand je ressasse des idées noires, c'est une forme de pensées-émotions. Quand je rêve de m'échapper quelques jours à la mer (pensée animée d'un besoin de liberté, d'air pur), mais que je ne peux quitter mon travail pour le moment (déception), c'en est une aussi. Mais nombre de ces imbrications ne dépassent pas le seuil des simples réflexions : en cours de route, elles s'avortent. Pour que nos pensées deviennent agissantes, c'est-à-dire constructives, elles exigent un peu d'originalité, de nouveauté. En un mot, de créativité. C'est là le troisième point et il est capital : l'intention, l'étincelle qui va allumer les réacteurs. Sans une intention consciente, nos pensées-émotions tournent en rond tel l'ours en cage. L'intention, c'est l'énergie que l'on met à accomplir un projet, à rendre les émotions tangibles dans le monde. Un texte inspirant du poète allemand Goethe illustre à merveille mon propos :

« Tant que vous ne vous êtes pas engagé persistent l'hésitation, la possibilité de se retirer et toujours aussi, dès qu'il s'agit d'initiative ou de création, une certaine inefficacité.

Il y a une vérité élémentaire dont l'ignorance a déjà miné nombre de grandes idées et de plans merveilleux : c'est que, dès l'instant où vous vous engagez, la providence intervient elle aussi.

Toute une série d'événements jaillit de la décision, comme pour l'appuyer par toutes sortes d'incidents imprévus, de rencontres et de secours matériels, dont vous n'auriez jamais rêvé qu'ils surviennent.

Quoi que vous puissiez faire, quoi que vous rêviez de faire, entreprenez-le.

L'audace donne du génie, de la puissance, de la magie.

… Commencez maintenant. »

C'est la force de l'intention : se servir de nos pensées-émotions pour nous permettre de réaliser nos projets. Le poète nous parle de rêve, de désir, d'audace… Toute notre liberté est sollicitée. Notre pensée et notre imagination sont créatrices. Quelles intentions pourront les traduire et les étayer ? Si nous rêvons d'un monde meilleur, nos pensées qui l'imaginent vont s'agréger à des émotions de même nature. Et si notre intention est assez forte, nous verrons alors ces pensées se réaliser. Je me souviens d'une séance avec Isabelle, une dame d'une soixantaine d'années. Isabelle avait perdu son mari deux ans plus tôt. Son absence occupait toutes ses pensées. Elle souhaitait garder la maison qu'ils avaient achetée ensemble, mais celle-ci nécessitait d'importants travaux de rénovation. Paralysée à l'idée de mal faire (de son vivant, son mari gérait tout), ma cliente ressassait un sentiment de découragement. Son désir profond était de poursuivre leur projet, mais la peur lui interdisait toute action. En un sens, elle était privée de son intention.

Combien de fois nous retrouvons-nous divisés à l'intérieur de nous-mêmes ? Prisonniers de notre désir, incapables de sortir d'un schéma verrouillé ? Nous nous croyons entravés, mais l'intention, elle, est toujours là. Jamais elle n'a lâché prise ! Lors de notre entretien, Isabelle m'a révélé sa véritable pensée, celle qui était à la racine de son mal. Sa plus grande crainte, me confia-t-elle, c'était que son mari la juge de là-haut et soit mécontent du résultat de la rénovation. Peut-on lui reprocher de raisonner ainsi ?

Ce que nous pensons, disons, faisons porte en soi une cohérence. Notre vie est pilotée par certains mots d'ordre, parce que la pensée façonne notre réalité. L'identification de cette peur profonde, qui déréglait tous ses projets, fut pour Isabelle un déclencheur. Je lui annonçai que son mari ne la jugerait nullement et qu'il se tiendrait à ses côtés lors de la restructuration de la maison. Et quelques semaines après la séance, Isabelle m'envoya un gentil mot accompagné de délicieuses friandises, en remerciement de mes conseils. Elle avait pris contact avec un architecte que connaissait bien son mari et ce spécialiste lui avait donné de précieuses recommandations. Encouragées dans ce nouvel élan, ses pensées s'étaient métamorphosées, son intention libérée. Elle envisageait même d'entreprendre d'autres travaux dans la propriété ! Isabelle me confia aussi qu'elle trouvait du plaisir à organiser seule sa grande résidence. C'est une façon d'honorer son amour. Dans sa lettre, elle avait joint une photo du chantier, avec ce petit mot : « Voici la fenêtre que nous projetions pour cette terrasse. Je sais que mon mari s'y est installé et veille désormais à sa belle réalisation. »

Dans le *Livre d'Isaïe*, il est écrit : « Comme la pluie et la neige descendent du ciel et n'y reviennent pas sans avoir abreuvé la terre, sans l'avoir fécondée et fait germer, sans avoir donné de la semence au semeur et du pain à celui qui a faim, ainsi en est-il de ma parole qui sort de ma bouche : elle ne revient pas à moi sans effet, sans avoir fait ce que je désire, sans avoir réalisé ce pour quoi je l'ai envoyée. » La parole que mentionne le prophète est comparable à la pensée, celle qui sort de notre bouche, crée et façonne le monde. Voilà donc la solution trinitaire que m'a révélée Etty. Pensée, émotion, intention, un attelage à notre portée, un arsenal produisant des effets concrets dans la matière et nous permettant de nous recentrer autour de notre âme. D'invisible, notre désir porte sa réalisation jusqu'à la réalité. La pensée s'est imprimée, elle a pris forme : elle s'est matérialisée.

Le parfum de l'âme

Un jour d'automne, je me promène dans le quartier du Marais, à Paris. Petites rues médiévales, magasins à toutes les portes, une ambiance citadine à souhait. J'ai dans l'idée d'offrir un cadeau à mon amie Cécile, qui vient d'emménager. Cécile et moi sommes très complices depuis quinze ans. Elle connaît bien mon histoire et je connais bien la sienne. Même si nous ne nous fréquentons pas au quotidien, la même joie nous réunit. Chaque fois que nous nous voyons, nous rions de bon cœur à l'idée du temps qui passe et de notre vieillesse inexorable (nous avons deux ans d'écart). Elle et moi avons gardé une âme d'enfant. À cinquante-deux ans, je me trouve parfois en décalage singulier avec des personnes de ma génération, sérieuses, graves, paniquées devant la fuite des jours.

Que choisir pour Cécile ? J'hésite à lui apporter des fleurs. Je sais qu'elle les apprécie, mais j'ai envie de lui offrir un cadeau qui durera plus longtemps qu'un bouquet de tulipes ou d'œillets odorants. Un cadeau qui a du sens pour elle. Il y a trois ans, Cécile a perdu sa maman et ce deuil nous a rapprochés. Alors que de son vivant, je ne l'avais jamais rencontrée, cette dame est venue plusieurs fois frapper à la porte de ma conscience. Je me souviens d'avoir appelé Cécile, un soir au débotté, presque un an après le décès de sa mère. « J'ai un message pour toi. Elle te dit qu'elle est remontée à cheval et qu'elle n'a plus peur ! » Un lourd silence avait suivi. J'entendais Cécile essuyer ses larmes. « Cela veut-il dire quelque chose pour toi ? » lui avais-je demandé. Je n'avais aucune idée de ce que les chevaux pouvaient signifier. Et Cécile de me répondre : « Bruno, tu n'aurais jamais pu savoir une chose pareille. Maman et moi étions parties quelques jours en Camargue il y a vingt ans. Ni elle ni moi n'étions amoureuses des chevaux, mais l'occasion s'est présentée et nous avons fait une longue promenade dans la région, en compagnie d'un groupe. Sans comprendre pourquoi, en descendant de cheval, ma mère s'est pris le pied dans la lanière du harnais, et ne parvenant à se libérer, a fini par tomber de la selle. Heureusement, plus de peur que de mal, elle s'en est tirée avec un bon bleu au coccyx. En se relevant de sa chute, ma mère m'a dit, je m'en souviens comme si c'était hier, qu'elle ne souhaitait plus jamais monter. Ces bêtes la terrifiaient. Je crois qu'elle a été effrayée à l'idée que cette chute aurait pu être grave si le cheval s'était emporté… » Cécile sait qu'il peut m'arriver de téléphoner ou de laisser échapper une remarque significative, voire un message sans coup férir. Mais elle et moi, ce soir-là, étions tout chose en songeant que sa maman lui avait fait un signe merveilleux depuis l'autre monde. Impossible de résister, je suis ému chaque fois, en particulier quand il s'agit de mes proches. À travers cette anecdote, sa maman rappelait, pleine d'humour, le plaisir d'avoir passé du temps avec sa fille. Et elle s'était remise de cette frayeur !

Revenons à nos moutons. Lorsque j'ai un moment « hors agenda », je me laisse porter au maximum par l'air ambiant, dans telle petite ruelle pittoresque ou tel magasin, me perdant dans un quartier que je pensais bien connaître, découvrant un monument masqué par l'ombre d'un autre. Cette sensation d'être encore dépaysé à Paris après y avoir vécu presque trente ans, c'est elle que je recherche. En serpentant dans le Marais, je pense à Cécile. Elle s'est installée dans un faubourg vivant et très populaire, Ménilmontant. Je sais qu'elle pense beaucoup à sa mère, qu'elles étaient inséparables, sans doute fusionnelles. Elles échangeaient des habits, s'offraient des foulards, se prêtaient des livres et des bijoux. Je me souviens que Cécile a évoqué un jour l'amour de sa mère pour les parfums. Peut-être pourrais-je trouver quelque chose de ce genre ? Continuant ma promenade, humant l'atmosphère du quartier, au détour d'une rue plutôt passante, j'aperçois une boutique à la devanture ancienne, porte bleu marine, rayons d'apothicaire à l'intérieur. La vitrine expose de grands bocaux remplis de liquides aux couleurs pastel. Je pousse alors la porte et un jeune homme avenant m'accueille. « Puis-je vous aider ? »

« Il est ici le parfum que tu cherches ! » Une voix, un chuchotement même, dont je crois d'abord qu'il émane de mon interlocuteur, tant il est distinct. Un peu désorienté, je regarde le vendeur, sans répondre à sa question. Il doit me trouver bizarre, car il répète : « Puis-je vous aider, Monsieur ? » Je comprends qu'il est impossible qu'il ait prononcé cette phrase entre ses deux questions. C'est typique des messages que m'envoient les petites âmes : en un rien de temps, ma conscience a décroché, je suis parti dans une autre dimension et revenu. *Ah, Etty ! Je sais qu'en ce moment, tu es à mes côtés. Quelle présence, toujours à*

propos ! Tu dois te balader depuis un petit moment dans le quartier en ma compagnie. Je me rappelle que dans ton journal intime, tu n'arrêtes pas de « traîner tes guêtres » dans les rues d'Amsterdam. Toi aussi, tu aimes marcher. Je ne peux pas me tromper avec toi. Tu viens toujours par surprise, en tapotant mon épaule, comme pour dire : « Eh bien, tu n'as pas vu que j'étais là ? » Et c'est exactement ce que tu viens de faire, alors que je m'apprêtais à répondre au vendeur. Dis donc, j'ai failli passer pour un imbécile !

« Il est ici le parfum que tu cherches ! » chante à nouveau Etty. Je réponds au commerçant que je n'ai pas d'idée particulière pour l'instant et que j'aimerais découvrir les rayons. La boutique est dédiée aux odcurs : parfums, bougies aromatisées, huiles essentielles. Très chic. L'odorat est soumis à rude épreuve dans un environnement si étroit. Souvent, je me demande si les personnes qui travaillent dans de telles boutiques ne sont pas saturées de senteurs, au point d'en être écœurées à la fin de journée. Comme dans les magasins de torréfaction de café, dont le parfum entêtant s'échappe dans la rue. De but en blanc, je m'en ouvre au jeune homme. À son tour d'être surpris. Il me sourit : « C'est une question d'habitude ! » Nous sommes seuls dans la boutique. Alors j'engage plus avant la conversation.

« Comment les parfums sont-ils élaborés ? Est-ce le même principe que les eaux de toilette du commerce ? » Je lui raconte qu'un ami proche exerce dans cette industrie et qu'il m'a confié que l'élaboration d'un parfum exige parfois plusieurs années. « Il a évoqué, je crois, les notes de fond, les notes de cœur et les notes de tête, qui caractérisent les trois degrés d'une fragrance. » Indulgent, le jeune homme me fait comprendre que le processus de conception est d'une complexité confinant souvent à l'œuvre d'art. Les « nez » sont de véritables artistes, capables d'assembler des dizaines d'éléments, à la manière du musicien composant sa mélodie et en tirant le meilleur.

« Chaque parfum possède sa personnalité, ajoute-t-il, sa saveur propre. En le portant, on se l'approprie. Notre odeur corporelle entre aussi en ligne de compte. C'est la confrontation du parfum avec le corps qui crée une chimie heureuse ou malheureuse sur notre peau. » Une personnalité, une saveur propre ? L'affaire se complique… Que choisir pour mon amie Cécile ? Le vendeur me fait sentir des huiles essentielles et quelques bougies aux puissants arômes. Puis il s'exclame : « Vous savez, chaque parfum est unique. Son alchimie se révèle lorsqu'il est porté. C'est un peu ça, l'âme d'un parfum… » Là-dessus, il me demande de patienter et disparaît dans l'arrière-boutique pour, m'annonce-t-il, me présenter un article fraîchement arrivé et qui pourrait faire mon bonheur.

Seul, je décroche à nouveau. L'âme d'un parfum ? L'âme d'un parfum ? Tu es en train de me jouer un tour, Etty ! J'éclate de rire et toi, tu es devant moi, debout sur tes deux jambes et tu ris à t'en tenir les côtes ! L'âme du parfum, le parfum de l'âme… Tandis que le jeune homme fouille dans la réserve, ma pensée fuse comme l'éclair. Des mots s'assemblent en phrases cohérentes et puissantes. C'est comme une empreinte, ça s'imprime en moi et je ne peux que raconter ici ce qui se dit dans une irrépressible urgence : chacun de nous porte en lui le parfum de son âme. L'artisan, le nez, affûte ses outils sensoriels pour délivrer la fragrance désirée. D'un ensemble grossier, il affine. Il en va de même pour nous. La vie nous burine, nous façonne, nous crée. Comme un ensemble de fleurs fraîchement cueillies passent dans la centrifugeuse, nous sommes dans un creuset, l'enveloppe humaine, la vie matérielle. Nous allons être brassés, mélangés, secoués par l'existence. Tantôt la tempête, tantôt l'accalmie. Dans le quotidien, tous les moments que nous vivons, du plus banal au plus exceptionnel, tout ce qui fait que certains jours nous aimons tant la vie, quand durant d'autres nous la haïssons, tout ce que nous vivons au cours de notre traversée contribue à nous grandir, à nous affiner, nous dégrossir, nous ajuster jusqu'à la mort, transformation radicale. Chaque période de la vie, que l'on soit jeune ou vieux, sert le grand assemblage de notre quintessence à venir. Nous mourons un peu plus chaque jour ; ce faisant, nous naissons, nous entrons dans la vraie vie, celle que nous vivons en éternité. L'existence est en cela une gestation, pas un acheminement vers la mort, mais une formation à la naissance.

Rien n'est accessoire. Tout ce que nous vivons a du sens : de même que la composition d'un parfum associe différents éléments, chaque période de notre passage sur terre a une place, un rôle et une destination. Chaque note, de tête, de cœur, de fond, compose et révèle notre gamme intérieure. Chaque rencontre que nous faisons est essentielle. Nous sommes comme le parfum qui trouve son alchimie sur notre peau au contact des autres. Tout est appelé en nous à s'emboîter. Certaines personnes disparaissent de notre champ de vision, d'autres leur succèdent. Mais à la fin, tous les biens, les possessions, les attachements, tous les éléments d'une vie qui permettent de se nourrir, se vêtir, se loger, en un mot le plan matériel, tout cela disparaîtra, se fondra à jamais comme dans un magma précieux et subtil. Seule restera la distillation unique réalisée à partir des expériences que nous aurons vécues, partagées, et l'amour que nous aurons donné ou reçu. Le parfum de l'âme : synthèse parfaite de notre parcours ici-bas, essence de notre être, rassemblée en une étincelle de vie éternelle. Ce parfum, qui est comme notre carte d'identité spirituelle, ce qui nous distingue, voyage à travers les mondes, d'une galaxie à l'autre, d'une vie intérieure à une autre. Car l'âme navigue partout, comme le fait Etty parmi nous, essaimant sa joie infinie. Vivre !

Un léger vertige me saisit. Je vais m'asseoir un moment sur la chaise à côté du comptoir. Quelle expérience… Tous ces parfums, la tête me tourne. Le jeune homme revient de la réserve avec un carton qu'il ouvre sous mes yeux. Il n'a pas deviné mon trouble. Je me remets du mieux possible de la visitation que j'ai vécue. Devant moi, il dépose une magnifique bougie bleu marine, avec trois mèches implantées en triangle. Il l'approche alors de mon nez : l'ambre, un parfum à mille autres reconnaissables. J'aime cette odeur ronde, avec un vague fond de tabac. *« Il est ici le parfum que tu cherches ! »* Sans plus réfléchir, je me décide pour cette jolie boîte et, après l'avoir fait emballer, ressors tout heureux de ma trouvaille.

Sur le chemin du retour, j'ai commencé à mettre de l'ordre dans ce qui m'est arrivé. Je me suis remémoré chaque instant de cet échange dans le magasin. J'ai beau m'attendre à des surprises avec ma petite fée Etty, j'avoue que celle-là est de taille et m'a pris au dépourvu. Grâce à elle, j'ai trouvé le cadeau qui a fait mouche, comme me le dira Cécile plus tard. La belle bougie, m'a-t-elle assuré, lui a fait penser à sa maman qui appréciait tant les parfums. Allumer une petite lumière chaque soir lui rappelle sa présence silencieuse, mais aimante. Dans son nouvel appartement, Cécile a ménagé une place à sa mère, en se connectant intérieurement à elle. Ce n'est pas tout. Grâce à toi, Etty, j'ai pris conscience qu'à l'instar d'un parfum, nous représentons un assemblage de multiples éléments destinés à l'unité, sorte de mille-feuille faisant de chacun de nous un être unique. Ce mille-feuille est par nature instable, car notre vie évolue en permanence. Au début de la vie, nous portons un léger bagage qui parfois s'alourdit, parfois se défait de ses couches superficielles ou profondes, comme les arbres à l'approche de l'automne ou à l'éclosion du printemps. Lorsque nous entassons, nous ajoutons des épaisseurs, c'est que nous sentons le besoin de nous sécuriser ou de produire des fruits. Mais à la fin, quand la mort nous prend la main, tout ce qui ne relève pas de l'essentiel est dissous dans un grand feu sacré. Et seul subsiste le parfum de notre âme.

Nous naissons tous avec un certain nombre de qualités, de talents. Ils sont innés, ils nous sont propres, peut-être en héritons-nous aussi (les fameux gènes). Nous en acquérons d'autres, nous développons des aspects de notre personnalité, en réaction à un environnement donné. À l'image des parfums, il y a aussi des défauts nécessaires à l'ensemble pour le rendre harmonieux et cohérent. Ils forment un attrait. En me documentant, j'ai découvert que le parfum est un subtil mélange de notes brutales et douces, délicates et nauséabondes, aigres et sucrées. La lavande, le patchouli, le cèdre constituent des notes gracieuses. Mais dans tout parfum, on trouve aussi une note alourdissant l'odeur, lui donnant un caractère animal qui est très attrayant. Tout repose sur un jeu d'équilibre !

J'emprunte à *Une vie bouleversée* deux extraits qui m'ont marqué. « J'ai l'impression, jour après jour, écrit la jeune Etty, d'être mise à fondre dans un grand creuset, et pourtant d'en ressortir chaque fois. » Et de continuer : « En moi certaines choses prennent réellement une forme de plus en plus nette, concentrée et tangible… J'ai l'impression d'abriter un grand atelier où l'on travaille dur, où l'on martèle, taille, etc. À d'autres moments, il me semble être faite intérieurement de granit, un rocher de granit heurté perpétuellement de fortes cataractes qui l'érodent. [...] Peut-être ces formes seront-elles un jour achevées, leurs contours nettement dessinés [...]. »

Le véritable enjeu des épreuves, c'est notre mutation. Le creuset qu'évoque Etty, dans lequel elle se sent mise à fondre, est comme un grand distillateur : on y dépose avec une délicatesse immense, pour ne pas les froisser, les pétales de certaines fleurs, puis celles-ci sont dissoutes dans un bain de graisse, elle-même lavée avec de l'alcool, jusqu'à ce que l'enfleurage ait extrait l'essence absolue. C'est la même chose pour le parfum de l'âme. La version la plus juste et pure de nous-mêmes se révèle dans les crises et les transformations que nous vivons. Nous sommes distillés par les sacrifices et les épreuves, notre âme est polie, affinée, ajustée par les vents. La mort, je crois, est l'ultime mutation, elle brûle tout ce qui n'est pas essentiel, consume les attachements moribonds.

Si nous ne parvenons pas à voir la profonde unité qui se dégage de ce parfum, c'est parce que notre vision demeure parcellaire, forcément limitée. Rappelons-nous cette jolie fable d'origine indienne, qui recèle une sagesse toute simple. Elle raconte qu'on demanda un jour à six aveugles de décrire l'apparence d'un éléphant grâce au seul toucher. Le premier tâte le ventre et s'écrie : c'est un mur ! Le second frotte une défense et rétorque : voilà plutôt une arme ! Le troisième caresse la trompe et objecte : non, un serpent ! Le quatrième palpe un genou et s'exclame : n'est-ce pas le nœud d'un arbre ? Le cinquième touche les oreilles et déclare : pour sûr, un éventail ! Le sixième, enfin, saisit la queue et professe : imbéciles, c'est une corde ! Les six aveugles se disputent, la discussion dégénère en bagarre. Mais un sage les corrige : « Vous avez tous raison à la fois ! Chacun de vous a touché une partie et pris la partie pour le tout, alors que seul le tout est la vérité. »

Que nous suggère ce conte plein de bon sens, qui a traversé les millénaires avant de parvenir jusqu'à nous ? Que nous ne voyons que ce que nous croyons et plus largement, que nous n'avons jamais accès qu'à une fraction de la réalité. Nous sommes conditionnés par nos sens. Notre expérience forge notre vision du monde. Si vous êtes victime d'un vol à l'arraché dans la rue, vous en déduirez, en racontant à vos proches cette expérience malheureuse, que l'insécurité est croissante, d'autant qu'au même moment, la presse aura étayé votre observation.

Cela nous demande de faire preuve d'humilité et de prudence dans nos analyses. Ce que pense mon voisin est tout aussi respectable que ce que je pense moi-même, tout est question de subjectivité et d'opinions.

L'existence nous façonne. Du matin au soir, nous mûrissons, nous nous effeuillons. Au crépuscule, nous mourons et à l'aube nous renaissons, car notre parcours est fait de petites morts et de petites renaissances, dont nous ne discernons que les paliers. Mais notre conscience est amenée à grandir, notre vision à s'élargir. Les épreuves, qu'elles consistent à passer un concours ou à affronter la perte d'un être cher, forment le creuset où s'accomplissent les renouvellements. Elles nous contraignent à perdre, grandir, muter. Quand nous quitterons notre vêtement humain, nous aurons une conscience bien plus globale de la Vie, j'en ai l'intime conviction. J'ignore si nous saurons tout, une fois arrivés dans l'autre dimension. Mais je crois que notre vision sera élargie. À cette étape majeure, ultime naissance, il ne demeurera que la meilleure partie de nous-mêmes, le concentré de tout ce que nous aurons vécu, traversé, souffert, partagé, aimé, qui nous ouvrira enfin les yeux sur l'univers : le parfum de l'âme, notre être de lumière.

Veillez !

Etty ne vient pas seule aujourd'hui. Elle est accompagnée d'une autre présence, l'âme d'une femme d'un certain âge. Au départ, ce n'est qu'une silhouette dont j'identifie à peine les contours. Puis, le brouillard qui la nimbe se dissipe, ses traits se précisent et je finis par la voir. Cet éclaircissement me fatigue un peu, on dirait qu'elle vient de loin, très loin, et que sa matérialisation sous mes yeux requiert du temps et de l'énergie. La femme est vêtue d'une coiffe blanche et souple, qui lui recouvre entièrement les cheveux, ainsi que d'un habit ample. Une croix ou un chapelet est ceint à sa taille par une corde. C'est une religieuse. Malgré un âge honorable, son allure générale est svelte, sportive. En la voyant, je me fais la réflexion qu'elle ne doit pas chômer.

Etty est venue me la présenter. À dessein, j'imagine, mais je ne saurais dire pourquoi. Pour l'instant, je ne perçois plus ma sœur lumineuse et je reste seul avec l'inconnue. Un mot surgit dans ma conscience, prononcé sur le mode impératif : « Veillez ! » Mûrissant cette adresse, mon esprit songe aux veilleuses, de petites bougies que l'on allume chez soi ou devant un autel. Mais que vient faire ici cette injonction et que signifie-t-elle ? La religieuse se rapproche, les lèvres closes. Je m'attends à découvrir sur son visage un regard sévère, ou une moue hautaine. Une rencontre de ce type force le respect. Mais en guise de superbe, c'est un éclat transparent, une bienveillance toute maternelle qui se pose sur mon front. Une autorité naturelle aussi, empreinte de tendresse. Nulle suffisance, nulle mièvrerie. Cette dame a une sacrée personnalité. Elle me sourit.

Pendant tout ce temps, Etty est restée muette, presque effacée. Comme en réponse à mon esprit inquiet, elle me souffle une parole de réconfort : « Écoute-la ! » Un flot d'informations monte vers ma conscience. Des bruits indistincts, une rumeur que je ne peux déchiffrer. Où suis-je ? Sans attendre, mon esprit fait un bond dans le temps, comme projeté en avant par une vigoureuse poussée. Propulsée vers quelque mémoire oubliée, ensevelie par les âges et les siècles, mon âme commence à se souvenir. Il s'agit d'un lieu chargé d'histoire : c'est un grand monastère perché sur la crête d'un mont, dominant une vallée de forêts colorées qui font penser aux étendues merveilleuses des Vosges. Ces bâtiments semblent entourés d'une petite falaise sinueuse et sont composés de nombreux corps, ainsi que d'une cour centrale et d'un jardin. Je me dis qu'en rentrant chez moi, il faudra que je me renseigne sur cet édifice – et cette pensée m'étonne moi-même, comme si j'avais par avance l'impression d'être parti très loin, pendant très longtemps.

Je suis à nouveau propulsé, cette fois à l'intérieur des bâtiments. Au compte-gouttes, je découvre l'environnement, les personnages, leurs mouvements. Je comprends que la religieuse occupe la charge d'abbesse dans ce couvent de femmes. C'est une congrégation. On m'achemine à travers une série de salles et de couloirs où personne ne remarque ma présence. Tout le monde est occupé, austère, silencieux. Après avoir traversé une petite cour plantée d'arbres, je parviens jusqu'à un réfectoire éclairé d'augustes chandeliers. La religieuse m'y attend. Je ne sais comment elle est arrivée ici. Bien qu'il y ait beaucoup de monde dans cette grande salle, l'atmosphère est réservée, recueillie. À la vue des vêtements et des bâtons qui traînent çà et là, près des meubles, je me dis que je dois être en présence de pèlerins ou de voyageurs. Dans les paroles que je parviens à isoler du murmure général, je crois reconnaître le timbre du vieux français, mêlé de consonances germaniques, un accent qui m'évoque celui de l'alsacien, mais rien de certain. Je ne saisis pas le sujet des discussions.

Quelqu'un d'autre est là. Oui, un homme en retrait, silencieux. Il me regarde… avec une certaine insistance. C'est presque gênant, mais je ne peux moi non plus détacher mon regard de sa direction. J'essaie d'affiner ma vision, de la même manière qu'on met au point un appareil photo. Cheveux ras, de corpulence moyenne, mains fines et poilues, yeux bleu intense. Ce regard, je le connais, il m'est familier. Mais qui ? Allons, fais un effort pour te rappeler ! Et soudain, je comprends : c'est moi ! C'est moi dans cette auberge ! La découverte me bouleverse. Je suis là et je suis là-bas, simultanément. Le voyant et le vu, le contemplateur et le contemplé. Comment est-ce possible ? Est-ce que mon autre moi m'a reconnu ? Sait-il au moins qui je suis ? À peine remis de ma stupeur, je le dévisage de plus belle. Il n'a pas mon apparence physique, mais ce regard, c'est le mien, j'en suis persuadé. Mille questions m'assaillent. Je m'excite. Je vais perdre la connexion…

Heureusement, la supérieure m'apaise d'un regard chaleureux et aimant. De sa main, elle me montre la salle où tous ces voyageurs attendent la becquée. À chacune des quatre grandes tables rectangulaires sont attablés quelques convives. On dirait des oiseaux affamés qui attendent le retour de leurs parents. J'aperçois mon jumeau faire le service, habillé bizarrement, ni religieux ni laïc. Moine, je ne le suis pas. C'est une sorte d'habit qu'on m'aurait donné, car avant cela, moi non plus je n'avais sûrement pas grand-chose à manger. Je comprends que mon rôle, dans cette époque lointaine, consistait à servir aux pèlerins une maigre pitance dispensée par le monastère. Un par un je les salue, les réconforte, dépose de la nourriture. Je n'appartiens pas à cette congrégation. Moi-même je suis comme invité, il y a un arrangement entre la religieuse et moi. J'y trouve mon compte en obtenant le gîte et le couvert. Tout cela est si mystérieux ! Suis-je en train d'interpréter ? C'est un bond incroyable dans un passé qui m'est normalement scellé.

Ma bienfaitrice s'approche encore de moi, comme si elle chuchotait. Je l'avais oubliée, mais je sens qu'Etty est demeurée tout ce temps derrière moi. Maintenant, elle m'insuffle par l'oreille une énergie douce et pénétrante, infusion de la pensée qui me procure une sérénité infinie. J'entends toutes sortes de paroles sans aucun sens. Les odeurs de soupe et de pain commencent à inonder l'atmosphère. Certains mâchent, d'autres patientent. Par quel prodige l'abbesse sait-elle que je viens du futur ? Elle est consciente que je suis missionné pour me retrouver dans cet espace-temps à des années, des centaines d'années de mon siècle natal. Etty m'a conduit ici à dessein, cela ne fait pas mystère. Comme je lui suis reconnaissant de ce voyage ! Mais que de questions me submergent aussi !

La silhouette enveloppante de l'abbesse se manifeste à nouveau. Son émanation me transporte tout à coup en haut d'un escalier, dont je descends les degrés. À chaque pas, un peu de poussière se soulève de mes chaussures. J'ai l'impression d'être jeune et vieux à la fois. L'escalier va en se rétrécissant et je me dis : « C'est en toi-même que tu descends. »

Je débouche sur une crypte, une petite chapelle souterraine illuminée de mille bougies. Grandes, moyennes, petites, elles forment une portée courant le long des murs. Je suis arrivé tout en bas, tout à l'intérieur de moi-même. Etty s'est installée sur un banc taillé dans la pierre. Je la rejoins et la religieuse s'assied à ma droite. Nous sommes là, silencieux, tous les trois, recueillis. Je me sens en union avec l'univers.

Dans cet état de méditation, du fond de mon paysage intérieur parvient un son bien connu : celui de cloches qui tintent d'abord doucement, puis lancées à toute volée. Les carillons retentissent en désordre et je dis à Etty : « Elles résonnent ! Elles résonnent ! » Puis je me mets à rire, à rire à gorge déployée, car je viens de comprendre la signification de tout cela. C'est moi qui résonne ici, en harmonie avec l'univers. À l'instar de ces bols tibétains que l'on frotte avec un manche de velours et qui laissent échapper un son pur et cristallin, j'entre en résonance, en écho avec la vibration universelle. La pulsation de la vie. Les cloches sonnent si fort que j'ai la sensation de m'approcher d'un torrent indomptable, le torrent de la vie, et de m'y abreuver. J'effleure cette vibration, elle rencontre celle de mon cœur qui s'unit à elle. L'univers possède un rythme propre et il est possible de s'y connecter. Nous pouvons tous nous y connecter !

Je pivote la tête et fais un tour d'horizon. Il n'y a plus qu'Etty. L'abbesse a disparu. Pour ma part, je sens qu'il est temps de rentrer. En quittant la crypte, au bas des escaliers, mon esprit fait une volte-face. Soudain, tout l'environnement de ma vision s'évanouit. La dernière, Etty se brouille et je finis par ne plus la percevoir. J'ouvre les yeux. Ma mémoire est encore imprégnée de la séquence. Après avoir repris mes esprits, je décide de tout consigner par écrit, sans tarder, en respectant la chronologie. Je griffonne rapidement, craignant de perdre le concentré de cette vision, qu'elle ne se dilue, se fonde et finisse engloutie par ma raison. Mais l'essentiel est sauvegardé.

*

Il m'a fallu de longues semaines pour digérer les nutriments de cette rencontre, qui continue de me dispenser ses bienfaits. Qu'est-ce qui m'a amené à visiter cette époque lointaine, dans un lieu si reculé, peuplé de personnes si modestes ? Durant plusieurs jours, j'ai tourné et retourné tous les scénarios possibles. Était-ce un endroit que j'aurais connu plus jeune ? Qu'aurait fréquenté ma famille ? Que m'auraient dépeint des amis ? Ou un film, un documentaire ? Rien de tel ne me parle. Je me décide à chercher sur Internet. Par où commencer ? Ne sachant vers quel site me tourner, j'écris dans le moteur de recherche le syntagme « Liste des abbayes françaises ». Je me perds dans des descriptions d'édifices plus admirables les uns que les autres. Rien ne correspond. Là, je me rappelle avoir entendu, dans ma vision, un accent proche de l'alsacien. Une de mes tantes vivait à Strasbourg, je l'ai un peu assimilé. Je précise ma recherche et de premiers résultats apparaissent, que j'épluche un à un. Je tombe alors sur un très ancien monastère du Bas-Rhin, situé sur le territoire de la commune d'Ottrott : l'abbaye de Hohenbourg. L'histoire raconte que sainte Odile la fonda, vers 680, à l'emplacement d'un château dont elle avait hérité de son père, Aldaric, duc d'Alsace et de Bereswinde. La situation de l'abbaye, à la fois perchée sur la montagne et adossée à elle, correspond plus ou moins à ce que j'ai vu, de même que la couleur et la texture des pierres, les forêts environnantes, la taille des bâtiments… Mais rien ne me prouve que c'est bien l'endroit que j'ai parcouru en esprit. Le brouillard de mes souvenirs se perd dans les images qui défilent devant mes yeux. J'apprends que Hohenbourg a brûlé trois fois, été reconstruite, restructurée. À partir de 1546, ce n'est plus une abbaye de femmes. L'édifice actuel n'a peut-être rien à voir avec celui dans lequel Etty m'a invité. Tout me semble avoir disparu dans les couloirs du temps.

Lassé, je laisse de côté mes recherches. Il est temps de me restaurer. En quittant la maison pour faire quelques emplettes, un appel de ma tante jadis alsacienne me donne le frisson : Odile ! Cette sonnerie qui résonne dans le hall de l'immeuble, ce nom s'affichant sur l'écran me tétanisent. Je n'ai pas peur, loin de là, mais je suis estomaqué de la synchronicité qui a surgi dans mon espace-temps. À la vitesse de la pensée, deux époques viennent de fusionner, la mienne et celle de sainte Odile, qui se manifestent par le truchement de ma tante, avec laquelle je n'ai pourtant pas bavardé depuis des mois. Je décroche, mais impossible de lui raconter cela pour l'instant. Je lui propose de la rappeler plus tard. Les circonstances m'ont trop remué. Évidemment, rien d'objectif, rien de « scientifique » ne peut étayer ce qui vient de m'arriver. En matière de synchronicités, ce sont les impressions subjectives qui comptent. Une certitude intérieure me traverse : j'ai vécu à cette époque-là et j'ai passé quelques années à Hohenbourg.

Au fil du temps, les effets de la vision s'estompent. Quelques semaines plus tard, il ne m'en reste plus que des souvenirs, ainsi que deux idées, deux idées fixes même, qui ne me quittent pas d'une semelle, jusqu'à ce que je les couche enfin sur le papier, à la suite des notes que j'avais prises. Lors de mon voyage, Etty s'est montrée très discrète. Elle a joué le rôle d'une intermédiaire, une médiatrice entre l'abbesse et moi. Le fait que je me sois reconnu dans cet homme étrange n'a cessé de m'interroger. Je m'occupais des pèlerins parce que j'avais passé un accord avec la religieuse ; notre relation devait donc être particulière. Nous nous aidions mutuellement, elle en accomplissant son souhait de charité, moi en lui servant d'assistant, de bras droit, et en profitant du gîte et du couvert. Je ne peux m'empêcher de faire le parallèle avec ma vie d'aujourd'hui. J'ai épousé la vocation de médium. C'est une forme de sacerdoce. Il ne s'agit pas de rentrer dans les ordres, bien sûr, ni d'adhérer à une religion. Mon quotidien est normal, ordinaire. Et je le revendique ainsi. Mais je prends conscience, avec le temps et l'âge qui cisèlent mes jours, que mon métier, au sens le plus noble du terme, a une forme de visée, de dessein : celui de prendre soin des autres et de leur apporter du soulagement dans les épreuves qu'ils traversent.

« Veillez ! » C'est le mot qui s'est inscrit en premier dans ma mémoire visuelle, en grandes lettres d'or, comme on en voit sur les panneaux des théâtres de Broadway. Comme le titre d'un film poétique, d'un livre sentimental : Veillez ! C'est une exigence, un encouragement. Mieux, une formule impérieuse émanant de la part invisible de mon être, celle qu'Etty a doublée de sa lumière. Nous devons trouver et emprunter le chemin de notre vie intérieure. « Entrez en vous-mêmes, sondez les profondeurs où votre vie prend sa source », recommandait le poète Rainer Maria Rilke à un jeune homme qui voulait s'initier aux arcanes de la poésie. Invitation à visiter nos terres intérieures, parfois restées en friche, ou bien inexplorées et jamais cultivées. Nous a-t-on appris à vivre en et avec nous-mêmes ? Notre modèle éducatif n'y contribue guère. Et pourtant, que de richesses en nos cœurs ! Dans le silence de soi-même, un beau jour, on découvre l'épaisseur, la densité du monde invisible. Et dire que tout ce temps, nous le cherchions dans les choses et les événements…

En descendant les marches de mon escalier intime jusqu'à sa « crypte », j'ai atteint l'essence de mon être, son essence immortelle. Le développement de cette énergie animée implique de s'éloigner des bruits du monde, de la pensée agitée, de calmer le feu des émotions. Ce moi existe, comment l'approcher ? C'est souvent dans les choses les plus simples que résident la vérité, le mode d'emploi. La méditation, par exemple, est à la portée de tous, même d'un jeune enfant. Dans certains pays asiatiques, elle est enseignée et pratiquée dès le plus jeune âge. Elle existe en Inde depuis plus de cinq mille ans et s'est étendue au Japon, en Chine et dans les autres pays d'Asie du Sud-Est, enfin dans les spiritualités du monde entier. Jésus lui-même, disent les Évangiles, se retirait « en haut de la montagne » pour prier, un motif qui me rappelle en un sens l'abbaye de Hohenbourg. En haut de la montagne, loin de la ville et de l'agitation, au milieu de bois luxuriants se trouvent les richesses de notre vie intérieure. D'innombrables livres traitent de la méditation. Chacun peut faire son marché et choisir la méthode qui lui convient. Ou pourquoi pas, l'inventer !

Il y a quelques années, un ami m'a parlé du fondateur de la Communauté mondiale pour la méditation chrétienne, John Main. Né en 1926 à Londres, ce grand conciliateur des cultures rejoint dès son plus jeune âge la congrégation des chanoines réguliers du Latran. Ses études de théologie le portent jusqu'à Rome, mais une crise du doute et de la foi le pousse à quitter les ordres, se former au droit et s'engager dans l'administration coloniale britannique. Affecté à Kuala Lumpur, en Malaisie, il rencontre Swami Satyananda Saraswati, célèbre *samnyâsin*, un terme désignant les moines hindous consacrant leur vie aux pèlerinages et à la contemplation. Le maître du tantra et de l'hatha yoga l'initie à la méditation, mais surtout à la culture spirituelle de l'hindouisme, radicalement différente de nos traditions. De pérégrinations en voyages, John Main retrouve la foi et intègre au début des années 1960 l'ordre des Bénédictins, prenant le nom de Jean. Mêlant ses découvertes à son propre héritage dans une pratique originale, il fonde alors un mouvement de méditation chrétienne qui a aujourd'hui essaimé dans de nombreux pays. Loin de se limiter au christianisme, cette communauté s'est ouverte et échange avec toutes les autres spiritualités, du soufisme au bouddhisme, promouvant la compassion universelle.

Dans son ouvrage *Initiation à la méditation chrétienne*, John Main nous invite à « découvrir la voie vers notre centre créateur, où l'on parvient à la plénitude et à l'harmonie et à habiter à l'intérieur de nous-mêmes ».

Quelques mots de méthode méditative. Sans adhérer à un groupe ou à une association, on peut commencer par s'installer dans un endroit à l'écart des bruits quotidiens, la chambre par exemple. On allume une petite bougie, on fait une courte prière d'introduction, ou l'on écoute de la musique relaxante, le tout étant de parvenir à un premier état de sérénité. Assis confortablement, on allonge sa respiration et, fermant les yeux, on profite du silence, immobile. Au début, inutile de trop prolonger la méditation. L'idéal est de se donner rendez-vous chaque jour avec soi-même. Certains le font tous les matins au réveil, ou tous les soirs au coucher. Il suffit de centrer sa pensée sur son cœur ou dans la région du plexus solaire. Cela représente parfois un effort d'imagination ardu ; dans ce cas, il peut être judicieux de répéter un mantra, nous indique John Main. Un mantra, c'est un mot qui a pour nous du sens. Beaucoup de méditants prononcent le vocable « *Om* », considéré comme la « vibration initiale », à placer au commencement de toute évocation. Mais d'autres articulent une prière du cœur, comme les orthodoxes, qui scandent le mot « Jésus ».

Pour ma part, je pratique la méditation depuis plusieurs années, à raison d'une demi-heure chaque matin. Je porte mon attention sur mon épigastre ou vers la zone du cœur, le territoire spirituel de ma chair. C'est ma chapelle intérieure. Il y a des jours où l'esprit est capricieux. Il se cabre comme un cheval indomptable. On peine à le canaliser. L'impatience s'empare de nous, on plisse les yeux pour regarder l'horloge. On trépigne. Ces moments sont inévitables. Qu'importe, il faut méditer, même si une tempête décoiffe notre esprit. Il n'y a pas de bonne ou de mauvaise méditation, il n'y a que *la* méditation. À force, ces instants deviennent une telle habitude qu'ils forment une seconde nature. Si par extraordinaire, on manque ce rendez-vous, on s'arrange pour trouver un temps de la journée et s'arrêter, respirer, faire retour sur soi-même.

Après un choc émotionnel, une colère, une déception, ou avant de prendre une décision importante, nous devrions toujours méditer. C'est une façon de mettre les compteurs à zéro, de laisser se déplier notre être intérieur et de prendre du recul vis-à-vis du cours des événements. « On ne se baigne jamais deux fois dans le même fleuve », dit-on. On redevient authentique, honnête avec soi-même. Ce que je ressens, n'est-ce pas le fruit de mon mental désorganisé ? Le choix que je vais faire correspond-il vraiment à mon intention, mes besoins ? Ma réaction n'était-elle pas excessive, guidée par une blessure de mon ego ? On peut méditer partout ! Dans le train, le métro, à l'arrière de la voiture, dans un bar ou dans son salon, même entre deux rendez-vous. Toutes les méditations sont bonnes à prendre.

Le maître bouddhiste vietnamien Thich Nhat Hanh enseigne qu'il est même conseillé de méditer en marchant. « Chaque fois que nous ramenons notre attention à notre souffle et à nos pas, c'est comme si nous nous réveillions », dit-il. Un éveil de tous les instants. Mais qu'advient-il lorsqu'on médite ? On entre en vibration avec la vie, on résonne avec la pulsation du monde. Peu de gens savent que l'univers possède un rythme, une cadence propre. Et qui dit rythme dit aussi vibration : la Terre et les planètes tournent autour du Soleil à un rythme et à une vibration donnée. Rien n'y change, c'est une loi, un mouvement silencieux et nécessaire. En nous tournant vers notre cœur et ses pulsations, nous nous mettons au diapason du cosmos, comme les animaux s'adaptent au changement des saisons, comme certains oiseaux comprennent qu'il est l'heure de migrer. En 2018, en Californie, une équipe de neuroscientifiques a pu mettre en évidence que les taux de certaines protéines, notamment le taux de cortisol (l'hormone du stress) s'effondraient à la suite de séances de méditation et de yoga. Des personnes en proie aux angoisses ou au stress ont retrouvé force et sérénité quand on les coupait des sollicitations extérieures. En pratiquant la méditation assidûment, à la manière du lavage de dents, on enracine une habitude, on prend audience avec soi-même. Ce faisant, c'est à notre moi intérieur que nous donnons rendez-vous, notre âme. Nous lui ouvrons la voie, lui permettons de s'exprimer, d'infuser, telle une décoction de plantes médicinales.

C'est ce que je retire de ma vision avec Etty : ce souffle qui m'a poussé à descendre les marches pour accéder à mon être intérieur était comme une infusion finissant par s'inoculer à chacune de mes cellules. Celles-ci se sont mises en éveil sous l'effet de cette douche bienfaisante et réparatrice. À la manière des pèlerins de mon récit, elles se sont nourries, rafraîchies, sustentées. L'être humain est épris d'une faim inextinguible de cette nourriture, indispensable à son équilibre. Combien de fois, après ou pendant une méditation, ai-je reçu des éclairs d'intuition, des fulgurances et des réponses à des questions que je croyais insolubles ! Notre mental ne peut répondre seul à toutes les problématiques. Le décrochage opéré par la méditation, même minimal, ouvre un boulevard à notre intuition. La « petite voix », comme la nomme Harriet Emilie Cady, trouve dans le vide intérieur créé par la méditation un chemin tout tracé.

Pour finir, résumons-nous. Revenir à soi-même par une pratique régulière de la méditation apaise notre mental et nous aide à lâcher prise. En nous familiarisant avec cette pratique, notre rythme cardiaque se régule, il s'adapte aux vibrations du cosmos, répondant en ceci à l'invitation de notre âme à s'accorder avec elle. En poursuivant notre entraînement, nous consentons à laisser s'exprimer notre être lumineux, qui a les coudées franches pour nous envoyer des intuitions, des signes, des solutions. Quand nous méditons, nous émettons et recevons de l'énergie du tout autre, de la part « exilée » de nous-mêmes, l'invisible. Et avec le temps, cette connexion devient primordiale. En fin de compte, méditer, c'est être pleinement présent au monde. Derrière ce silence se dissimule une longue conversation, un dialogue amoureux entre notre conscience humaine et notre conscience cosmique. Il n'y a là plus d'opposition, de contradictions, d'antinomies, mais une acceptation, une démission joyeuse de notre ego, une suspension de notre mental.

Approcher cette Conscience supérieure par la méditation constitue l'action de résonner. Risquons ce jeu de mots : raisonner ou résonner ? Dans un cas, nous nous fions à nos connaissances, nous consentons à nos peurs et nos opinions, nous analysons. Ce raisonnement est utile pour compter les pièces de monnaie à la boulangerie, ou élaborer des stratégies dans notre métier. Mais il ne fait pas avancer notre vie intérieure. Dans l'autre cas, nous laissons résonner en nous l'Esprit, nous lui accordons confiance et écoute : c'est la résonance des cloches de ma vision. Avec du temps et de l'habitude, nous élevons notre niveau vibratoire et devenons une caisse de résonance de la conscience divine. Il n'y a pas d'experts de la méditation : il suffit de se mettre en route et de persévérer. Sur le chemin, tout l'univers « conspire » à nous instruire. En des mots musicaux et poétiques, Carl Jung disait : « Tout ce à quoi l'on résiste persiste et tout ce que l'on embrasse s'efface ». La méditation, cette veille bienfaisante, permet d'abdiquer nos résistances les plus mordantes. Elle ouvre la voie à une vie riche, large, lumineuse. Illuminés de l'intérieur, nous éclairons le chemin qui se révèle à nous… Et à notre tour, nous résonnons, nous illuminons les autres. Alors, veillez !

Une pluie de grâces

Ce mardi 8 décembre, un temps glacial baigne les rues de Paris. C'est le milieu d'après-midi. Il y a peu de monde dehors, à l'exception de quelques piétons et cyclistes courageux. Je me félicite de m'être habillé chaudement, car un vent froid et sec pique mes narines et cherche à s'introduire par toutes les échancrures de mes vêtements. Alors que je marche à grands pas en direction d'un rendez-vous professionnel, j'aperçois un sans-abri. Comme je suis souvent plongé dans mes pensées, il m'arrive de ne pas prêter attention aux indigents. Mais aujourd'hui, je suis mystérieusement attiré par cet homme. Je consulte ma montre : je suis en avance. Aussi, je choisis de prendre quelques minutes pour m'arrêter près de lui.

L'homme est assis en tailleur, à même le sol, les pieds nus, vêtu de peu. Il ne semble pas souffrir du froid polaire ni des bourrasques sauvages – un vent de toundra. Je m'étonne qu'il supporte l'outrage des températures. Courbé sur lui-même, il déchiquette un morceau de papier en mille morceaux, de la façon la plus méthodique qui soit. Ses mains sont creusées d'anfractuosités ou gonflées de boursouflures. Une broussaille recouvre la région inférieure de son visage de pierre aux yeux caverneux. Il ne m'a nullement sollicité, mais j'ai spontanément envie de lui donner quelque chose. Il ne remarque pas non plus que je m'approche de lui. Un pas, deux pas, je sors mon portefeuille et dépose un billet dans le gobelet de plastique posé devant ses pieds. Trop absorbé dans la décomposition perfectionniste de cette feuille de papier, il ne s'est toujours pas rendu compte de mon manège. De près, je constate son état de saleté. La crasse a dû mettre des années à incruster tout son corps. Il porte une simple veste noire élimée, et un pantalon du même tenant, trop court pour lui. Comment ces lambeaux peuvent-ils encore tenir ?

Je m'apprête à reprendre mon chemin, mais l'homme me grogne un mot incompréhensible. Sans lever les yeux ni changer de position, il me fait signe de m'accroupir près de lui. Je me retourne et m'exécute sans vraiment réfléchir. Nous voici proches, lui et moi. Si proches et je songe « si loin ». Lui comme à l'abandon, sans demeure, couvert de guenilles et moi, chaudement vêtu, encore rose du dernier repas. Cependant, malgré l'éloignement incalculable, je sens s'établir une sorte de complicité entre lui et moi. Je suis en confiance. Tout à coup, l'homme lâche ses confettis. Se redressant, il me regarde enfin. La puissance et la hauteur de son regard me saisissent. Au fond des cavernes, ses yeux resplendissent d'un bleu azur que l'on croirait découpé dans le ciel. L'œil est perçant, le regard difficile à soutenir, mais rempli de bienveillance et de rires. Il prend alors ma main, la serre fermement dans sa paume rugueuse et burinée. J'ai un léger mouvement de recul, surpris par cette familiarité. Malgré le froid, il se dégage de notre contact une douce énergie, une chaleur étrange. Je laisse ma main dans la sienne.

Nous nous relevons et nous faisons face. Il a la même taille que moi, nos yeux sont en exacte symétrie. J'ai l'impression d'être nu, à peine plus habillé que lui. Je frissonne. Il pourrait percer mes pensées les plus intimes, sonder le noyau de mon être. Les larmes me montent aux yeux. L'une d'elles, soufflée par le vent, se détache et dévale sur ma joue. Le contraste est saisissant chez cet homme. Son apparence décharnée, pareille à des branches mortes, son extrême dépouillement, son dénuement dans cet hiver qui n'a pas même commencé, tout cela le dispute à un regard d'une puissance sauvage et pure. Il se dégage de lui une résistance à toute épreuve, une fierté farouche. Dans cette poignée de main vigoureuse, cet échange de regards, je vois la reconnaissance et l'amitié. Voilà tout ce qu'il m'offre en retour. Mais ce « si peu » me comble de bonheur, ce rien est déjà tout. Reconnaissance de l'avoir envisagé et considéré comme un être humain, au-delà des clivages, malgré tout ce qui nous sépare. En apparence. De la gratitude authentique. Quoi ? Pour l'obole que je lui ai laissée ? Pour l'attention que je lui ai consacrée, hors de l'indifférence générale ?

Qui a vraiment fait du bien à l'autre ? Dans cet « entre nous », l'amitié s'est ouverte, l'humanité a éclos. Donner de soi, donner un peu de ce qu'on a, de ce qu'on est, partager et le monde devient meilleur. L'homme tient toujours ma main sans mot dire. Toute la scène n'a pas duré plus d'une minute, mais j'ai depuis longtemps cessé de compter. L'éternité est là. À ce moment, je me sens transporté dans une autre dimension. Tandis que mes pieds s'enfoncent dans le sol, ma pensée s'élève et je crois voyager. Le temps remonte. Je perçois des villes, puis des paysages, puis des villes et des paysages, encore et encore. Ils défilent à toute allure, train lancé à pleine puissance sur des rails invisibles. Mes sens sont en alerte, galvanisés, comme un animal en tension maximale, prêt à bondir. Un rideau se déchire et me dévoile un endroit que je n'ai jamais vu, mais qui me semble familier. Crasse, surpopulation, misère, des corps décharnés, de la grisaille, partout, du vent, des baraquements, des épines, et des rails et des monticules et des miradors. Je me rends compte que c'est l'univers que décrit Etty dans son journal et dans ses lettres. J'en suis sûr, je suis dans le camp de Westerbork. Cette prise de conscience m'affole et me rassure à la fois.

Etty, te voilà ! Mais je n'ai pas le temps de m'attarder sur toi. En arrière-plan, sur la droite, des silhouettes s'agitent. On parlemente, on se querelle, un homme perd son sang-froid. Il s'avance, mais est giflé et jeté à terre. D'autres se mêlent au groupe et plusieurs en viennent aux mains. Le bruit monte, ainsi que la poussière. Un coup de feu retentit et me fait sursauter. La querelle s'éteint, pétrifiée. Tout le monde se disperse, dans une tension encore palpable. Mon cœur bat la chamade. Que se passe-t-il ici ? Est-ce mon imagination qui me joue des tours ? Peut-être mon esprit a-t-il gravé dans sa mémoire les descriptions d'Etty. Ou bien sont-ce des réminiscences de films sur la guerre ? Mais c'est là mon esprit « écrivant » qui raisonne. En cet instant, je n'ai pas la capacité de réfléchir, la véracité du spectacle m'a convaincu.

Je cherche Etty du regard. J'ai perdu son contact visuel. Entre de pauvres enfants qui jouent avec des bouts de bâton, une jeune femme enceinte, proche du terme, cherche un endroit propice pour prendre un peu de repos. L'ambiance est sombre et angoissante. Je la vois enfin. Etty est là, absorbée par son travail. Elle s'est accroupie près d'un monsieur qui ne peut plus tenir debout. Ses bras sont usés, sa mine exaspérée. Il est assis à même le sol en tailleur. Il porte pour tout vêtement un pantalon noir trop court et une chemise tout aussi sombre. Sa saleté fait peur à voir, son dénuement est à peine supportable. Etty lui donne à boire et lui tient la main. Elle lui prodigue des paroles réconfortantes. Je crois qu'elle lui administre une soupe. Chaque geste est laborieux. Une cuillerée sur deux, l'homme ne veut pas avaler. Il tient à la main un quignon de pain noir, rassis, dont il égrène de petits morceaux sur le sol. Dans quel vil état les a-t-on réduits ? Cette proximité exalte en moi un sentiment d'humanité puissant qui me fait grimper des larmes. Il ne s'agit pas de pitié ni de lamentation. C'est ce geste d'amour, de compassion, de charité, qui a forcé mon émotion. Dans ce cadre d'extrême misère – quel mot choisir ? Il n'y en a pas –, je ressens une joie profonde. Paradoxale. Je pleure et j'ai envie de sourire, à la fois. Cette émotion se grave à jamais dans mon cœur. C'est celle que provoque le spectacle de l'entraide, du partage, d'un don qui serait supérieur à la charité. C'est l'idée, qui se dilate en moi malgré les circonstances, que donner de soi vous revient au centuple.

Le vieil homme peine à avaler la soupe qu'Etty lui tend. Mais avec une patience infinie, elle parvient à lui en faire ingurgiter quelques lampées. Au bout d'un temps, elle se relève, le bol de potage à la main. De son bras disponible, elle aide le vieillard à se relever. L'effort est extrêmement douloureux, on croit qu'il ne va pas y arriver. Debout, ils se dévisagent un instant, puis Etty l'épaule, le conduit ailleurs. Elle semble vouloir lui trouver une place, un lit de fortune peut-être, de quoi s'allonger et se reposer. En passant, elle me lance un regard qui en dit long : il lui reste tant à faire, elle s'excuse presque de m'abandonner où je suis. Juste avant de me quitter, elle affiche un sourire radieux, plein de confiance, malicieux. À mon tour, je lui souris et ce faisant, mon esprit fait un bond radical en arrière. Je me détourne d'elle tandis qu'elle échappe à ma vue. J'ai l'impression d'être tiré par une sangle à la surface d'une grotte ou d'une caverne. Je retraverse mille lieux, mille chemins, villes, paysages inconnus. Et me voilà tout à fait revenu à moi, comme remboîté dans mon corps.

J'ouvre les yeux et je m'aperçois que, presque machinalement, je me suis reculé de quelques pas, deux ou trois mètres. Je veux m'avancer vers l'homme en noir, lui demander s'il connaît un endroit où se réchauffer, mais il a disparu. Envolé. Ne restent que les miettes de papier qui s'échappent en cortège du trottoir, balayées par le blizzard, vestiges de notre rencontre qui eut lieu je ne sais combien de minutes plus tôt. Je vérifie une seconde fois ma montre : il ne s'en est pas même passé cinq depuis que je me suis arrêté. Après avoir regardé partout alentours, à la recherche de mon évaporé, je décide de filer.

*

Que m'est-il arrivé ? On pourrait se dire dans ces moments-là que je perds connaissance, que le monde extérieur devient une abstraction alors que prend corps l'univers intérieur, ou que je tombe dans un état de somnambulisme. Il n'en est rien. La plupart du temps, je ne suis pas déconnecté de ma conscience, ni ensommeillé ni évanoui. Cette fois-ci, le voyage était exceptionnellement intense, à la limite de l'excès. Je n'ai pas perdu la vision, c'est mon intention de regarder qui s'est estompée. Mon esprit était juste ailleurs. Il s'est donc passé quelque chose, mais j'étais présent dans la rue, pendant toute la vision. D'ordinaire, quelques minutes suffisent à m'expédier dans un autre univers, du moins dans une temporalité physique. S'il existe un autre temps dans le monde de la conscience, il n'a clairement pas les mêmes paramètres que dans le nôtre. Comme le dépeignent très bien des films tels qu'*Inception*, quelques secondes ou quelques minutes ici peuvent s'étirer considérablement dans un état de décrochage.

Je ne crois pas m'être un jour évanoui sous l'effet d'un voyage spirituel. Ma conscience intuitive se dilate, mais mon mental en veille assure les tâches essentielles, je peux me tenir debout par exemple, ou bien marcher. Si j'en crois le témoignage d'une personne qui a assisté à un épisode de ce genre il y a bien longtemps, j'ai dû faire quelques pas en rond dans la rue, à la manière des gens concentrés au téléphone, qui semblent suivre un parcours fléché, à eux seuls réservé, une trajectoire mystérieuse indiquée par leur esprit. J'étais planté debout ou suivant un tel circuit et, en une poignée de minutes, une partie de mon esprit a voyagé à une vitesse folle, puis emmagasiné un condensé d'informations avant de repartir dans le sens inverse, à la vitesse de la lumière…

À quoi puis-je assimiler ce phénomène ? Je songe à l'échappée que réalise notre pensée lorsque nous évoquons un souvenir, un moment marquant de notre histoire. Nous quittons parfois involontairement un univers familier pour rejoindre une séquence de notre passé. Durant un laps de temps très court, notre vue « décroche », c'est-à-dire qu'elle n'a plus l'intention de voir ce qui est devant elle, mais préfère se concentrer sur le monde intérieur plutôt que sur mille boîtes de Pandore. Une personne témoin de la scène agite la main devant nos yeux, mais nous mettons encore un instant à nous éveiller et l'on nous demande : « Où étais-tu parti ? » Un voile s'était posé sur notre regard. C'est ce que j'ai vécu, avec un surcroît d'intensité. Perdu, ailleurs…

Le jour où j'ai approché l'homme en noir était un 8 décembre, une date particulière là d'où je viens. Un symbole fort. À Lyon, le 8 décembre, c'est la fête des Lumières. À cette occasion, des festivités sont organisées durant plusieurs jours, et la ville est mise en valeur : on illumine les façades et les monuments. Mais surtout, on allume des petits lampions que l'on pose sur le rebord des fenêtres. Bien qu'ayant quitté la région depuis trente ans, je n'hésite pas à reproduire le rituel à la maison, en souvenir de ce temps-là. C'est un peu ma madeleine de Proust. Le 8 décembre est tout proche de Noël et chaque année, mon cœur d'enfant s'émerveille devant ce fourmillement de lumières qui annoncent le mystère de la Nativité.

Je crois bien que ma foi plonge ses racines dans cette tradition, qu'on nomme aussi Illuminations, fête de la Vierge Marie, ou de l'Immaculée Conception. Pour moi, il s'agit d'une célébration populaire et mystique. À l'école, combien de fois nous en a-t-on raconté l'origine ? Aux XVIe et XVIIe siècles, des épidémies de peste sévissent par intermittence et la région lyonnaise est durement touchée. En 1643, un groupe d'ecclésiastiques et de notables conduit par le prévôt des marchands (le maire) montent sur la colline de Fourvière et font un vœu à la Vierge Marie. Si la maladie et ses miasmes disparaissent, ils promettent de construire en remerciement deux statues à son effigie et d'effectuer un pèlerinage tous les ans, en ce jour, sur cette même colline. La peste reflue. Depuis, les habitants de la ville honorent leur serment. Par la suite, plusieurs épisodes sont venus se greffer sur le pèlerinage traditionnel, confortant la protection mariale et le culte qui lui est voué. Le 8 décembre 1852, on voulut inaugurer une statue de la Vierge posée sur le clocher de l'ancienne chapelle de Fourvière. Jusqu'au dernier instant, le mauvais temps laissa penser que l'inauguration n'aurait pas lieu, mais les Lyonnais refusèrent de l'annuler et disposèrent spontanément des lumignons à leurs fenêtres qui, à la nuit tombée, illuminèrent la ville. Le versant plus profane de la fête est né ce jour-là, à la faveur de ces circonstances particulières…

Hasard du calendrier ou non, cette tradition est voisine de la fête juive de Hanouka, qui est également une « fête des Lumières » nonobstant son origine différente. Dans la même période, pendant une semaine, on allume chaque soir un *Menorah*, le fameux chandelier à neuf branches. Notons que l'illumination de ces lampions et de ces chandeliers, pour des raisons bien distinctes, est effectuée durant la période la plus sombre de l'année, à l'approche de la Saint-Jean d'hiver, quand les jours ont bientôt fini de raccourcir et que le soleil est au plus bas. Une belle symbolique, qui nous rappelle que la Lumière éclaire nos ténèbres intérieures, quelles que soient les épreuves. Car de la lumière, il y en a toujours. Et elle brille pour nous tous, comme le soleil se lève sur le monde. À intervalles réguliers, c'est l'ombre qui prédomine, lorsque la nuit tombe sur un hémisphère, tandis que sur l'autre triomphe le jour. La nature répond à cette alternance de jour et de nuit, d'ombre et de lumière, de chaleur et de froid, au même titre que les saisons rythment nos vies et le cours du monde. « Il n'y a pas de lumière sans ombre », disait le poète Louis Aragon.

Quand la lumière est là, tout va bien ! Une belle journée ensoleillée, et notre humeur se fait joyeuse, guillerette. Nous formons des projets, notre pas est léger, assuré, confiant. Que peut-il bien nous arriver ? Mais quand il fait gris dans nos cœurs, quand nous n'avons plus le moral, notre vue s'assombrit et vient le vague à l'âme. Combien de circonstances décourageraient les plus optimistes ! Quand il n'y a que de l'ombre et de la noirceur, où trouve-t-on de la lumière ? Etty avait le secret de ces illuminations imprévues. Dans son journal, elle décrit avec force détails son époque, ce qui composait son présent. Face à l'absurde, à l'innommable, son esprit n'était jamais abattu, elle ne démissionnait pas. D'où tirait-elle cette force, cet incroyable tempérament ? Cette empathie jamais éteinte, jamais consumée ? C'est une grâce reçue que celle de l'empathie. Incontestablement. Ce que nous appelons charité, compassion, solidarité, constitue une forme de grâce. Et nous pouvons la manifester de mille façons. S'émouvoir devant les drames, à la vue de la pauvreté, face au chagrin d'un ami, c'est une grâce. Comme celle de s'émerveiller au spectacle du monde, chaque jour, chaque matin qui recommence. Grâce donnée, comme celle de mon amie lumineuse, insatiable dans sa générosité. Grâce reçue d'avoir donné d'elle-même, lors d'une dilatation de son cœur.

Écoutons la voix complice de cet autre grand penseur qu'était le regretté Jean d'Ormesson. Dans son ouvrage *Presque rien sur presque tout*, l'académicien s'interroge sur le sens du monde : « Qui a écrit ce roman ? Qui l'écrit ? On ne sait pas. Peut-être le tout lui-même ? Peut-être les hommes ? Peut-être un Être suprême auquel, faute de mieux, nous donnons le nom de Dieu ? [...] On ne sait pas. Mais on peut essayer, vaille que vaille, de feuilleter ce chef-d'œuvre, cette grande Big Bang Story qu'est le monde autour de nous. » Émouvant, l'amoureux des fresques historiques imaginaires poursuit : « Chaque matin, le jour revit. [...] Si, en dépit de tant de larmes, le monde est une bénédiction, c'est qu'il recommence à chaque instant. La vie n'est qu'une suite de commencements, indéfinis dans le temps. »

« La vie n'est qu'une suite de commencements, ajoute comme pour lui répondre le physicien Carlo Rovelli. Le monde n'est pas un ensemble de choses, c'est un ensemble d'événements. » La pleine expérimentation de nos événements intérieurs, nos émotions, nos doutes, nos joies nous place dans une attitude d'accueil. En faisant la lumière en nous-mêmes, nous faisons la lumière sur notre chemin. N'est-ce pas une grâce que de chercher, encore et toujours ? Dans cette quête, nous avons le devoir urgent de nous émerveiller : au milieu de la boue et de toutes les bassesses du monde, la lumière continue de scintiller. Comme l'étoile du Berger au-dessus des mages levant la tête lors de leur traversée de la Judée. Comme eux, n'est-ce pas notre rôle, notre mission à chacun, de nous éveiller à cette grâce ? De l'accueillir et de la transmettre, seul bijou illuminant les couches du temps ? De la guetter, la traquer, partout où l'on entrevoit ses chatoiements ?

Chaque matin est un commencement : nous sommes un être nouveau qui se lève. Nous pouvons rendre grâce, c'est-à-dire être pleins de gratitude pour la vie qui nous est donnée. Gratuitement et sans contrepartie. Sur le plan étymologique, la grâce présente maintes qualités. Le mot vient du latin *gratia* dont il a gardé plusieurs sens. En voici quelques-uns. La grâce signifie d'abord le charme, l'élégance, l'énigme qui nous séduit chez une personne, la beauté qui nous échappe, bien loin des canons officiels, qui nous parle d'ailleurs, de l'autre que je ne peux réduire. C'est aussi le charme de la parole, du sourire, de l'expression. Il y a la grâce qu'on nous fait et celle que nous faisons à autrui. C'est donc une faveur ou une reconnaissance. Si l'on prend maintenant le grec ancien pour « grâce », on tombe sur le terme *charis*, proche de *chara*, la joie. La grâce porte en soi un sentiment d'allégresse et de bonheur. Le charis grec ne se rapproche-t-il pas d'ailleurs du terme charité ?

Et n'y a-t-il pas de la joie dans l'acte désintéressé ? Où se trouve la plus grande félicité, dans le donner ou le recevoir ? Il est une dernière grâce qui nous touche : celle d'être aidé, sauvé, libéré, guéri. Cette grâce-là est une faveur du Ciel, non pas récompense, mais don nu. Elle ne peut s'expliquer, et elle ne se provoque pas.

Selon Jacqueline Kelen, auteure d'*Une robe de la couleur du temps*, « l'homme n'a aucune prise sur la grâce. Il ne peut ni la gouverner ni l'empêcher ». Dans cet essai délicieux, elle revisite les contes de fées sous l'angle spirituel, de *Peau d'âne* au *Vaillant petit tailleur*, de *Blanche-Neige* à la *Petite fille aux allumettes*. Se replonger dans ces contes qui ne se limitent pas à l'enfance nous permet de renouer avec le merveilleux. « Il était une fois… » ou « Dans un pays lointain… » ne sont pas des formules parlant de temps ou d'espace, mais de notre âme et de son origine. « La sagesse transmise par les contes rappelle en premier lieu l'importance et la précellence de l'univers invisible », écrit également l'auteure.

La grâce est un mystère, qui n'a de cesse de faire irruption dans nos temporalités, dans nos existences. Comme la lumière qui jaillit d'un précipice ou d'une blessure. À l'image des nuits d'étoiles filantes que l'on observe dans un ciel dégagé, nous recevons des pluies de grâces, ininterrompues. Le Ciel se réjouit de nous donner, et de nous donner en abondance. Ces grâces, savons-nous les reconnaître ? Sommes-nous disponibles pour les accueillir ? Signes, synchronicités, mais aussi sourire du voisin, petit mot de soutien d'un proche au cours d'un moment difficile… Tout est grâce, tout est lumière. Tout est occasion de manifester la présence de l'âme. C'est la parabole racontée dans l'Évangile de saint Matthieu, celle du semeur qui se lève le matin pour ensemencer son champ. Tantôt la semence est brûlée par le soleil, tantôt elle est dévorée par les oiseaux, ou perdue dans les ronces. Et puis, il y a le coup qui fait mouche. La graine tombe en terre, elle donne du fruit. Et du fruit à profusion. Joie du Ciel lorsque nous recevons la grâce, lorsque nous l'accueillons. Gratitude de notre âme d'avoir été ainsi bénie. Savoir Etty et tant d'autres âmes à l'œuvre nous pousse à donner de nous-mêmes, à nous dépasser, à avancer. L'exemple qu'Etty fut elle-même, et qu'elle reste aujourd'hui, est pour moi un véritable signe de joie. Et cette joie mène à la gratitude.

Épilogue

C'est la toute fin d'après-midi. Je termine une journée de tournage et je suis encore tout ému des merveilleux messages d'amour qu'il m'a été donné de répandre autour de moi. Fatigué certes, mais heureux, comblé par la présence indéfectible des « petites mains invisibles ». Elles me donnent la force nécessaire pour continuer, accueillir et le plus humblement possible, soulager les peines. Je sors sur le balcon, m'octroyant un moment de détente. Là-haut, je vois le ciel s'obscurcir de nuées d'oiseaux à perte de vue. Ils vont nicher pour la nuit. Près de moi, des étourneaux, mais aussi les dernières hirondelles quittant notre beau pays pour rejoindre des contrées plus chaudes en cette fin d'été. Le spectacle de ces oiseaux, de cette nature libre et insouciante me réjouit. Rien ne semble important aux yeux de ces oiseaux ! Un peu plus tard, profitant d'une température exceptionnelle, je m'attarde en voyant petit à petit se lever les étoiles et la Lune. Et voici que montent à mes lèvres quelques vers du « Cantique des créatures » de saint François d'Assise :

« Loué sois-tu, mon Seigneur, pour sœur Lune et les
étoiles :
Dans le ciel tu les as formées,
Claires, précieuses et belles… »

Gonflant comme la vague, par élans et replis, l'émerveillement suscite en moi une sorte de dédoublement. Je me sens tellement uni, en communion avec l'univers, qu'une partie de mon être se détache. Mon corps se fait plus lourd, ma conscience est augmentée, c'est une masse docile et calme, qu'enivre un bien-être total. Mais cette pesanteur se mêle d'un dégagement, comme si un balancier de faible amplitude me tirait peu à peu par le haut. Une horloge dont le mouvement pendulaire tournerait à l'extrême ralenti. J'accueille un air léger et doux sur mon visage, sans jamais me distraire du sentiment de plénitude. Assis sur la chaise du balcon, je respire en profondeur. C'est à ce moment qu'Etty se présente. On dirait qu'elle vient de la pièce d'à côté. Suis-je surpris par son apparition ? Pas vraiment, je crois que cette fois plus que tout autre, je l'attendais. Elle aussi m'attendait. Si je pouvais, je lui raconterais en détail tout ce que j'ai vécu aujourd'hui, les rencontres, les messages, les visages et les émotions…

Contre toute attente, mon enthousiasme laisse place à une brumeuse tristesse. Comment expliquer cette mélancolie ? Il y a une minute à peine, j'étais gai comme un pinson. De légèreté, il n'y a plus tout à coup. Dans mon ventre, une tension, une angoisse se diffusent. Un frisson remonte mon épine dorsale. Je suis inquiet. Aujourd'hui est un jour spécial pour nous deux, Etty et moi. Une certaine gravité sur le visage d'Etty me laisse penser qu'il se passe quelque chose d'inhabituel. Jusqu'à présent, toutes les manifestations de mon amie lumineuse étaient pleines de couleurs, de paysages, d'odeurs délicieuses, de situations inconnues. Combien de fois m'a-t-elle emmené dans cet ailleurs dont elle seule a le secret ? Que de découvertes dans nos « coïncidences » ! Mais aujourd'hui, Etty reste là, devant moi. Immobile. Son regard trempé dans le mien me fait comprendre qu'elle vient me dire au revoir.

Au revoir ? Pourquoi se quitter, partir ? Et maintenant ? Pourquoi ne pas demeurer pour toujours ainsi, en une correspondance éternelle ? Je n'obtiendrai pas de réponse, naturellement. J'en connais fort bien la raison. Je sens qu'un vieux fond d'attachement me retient à elle. Me pousse à vouloir la retenir. A-t-on jamais envie de quitter quelqu'un qu'on aime ? Ne veut-on pas le garder pour soi, et soi seul, pour toujours ? Mais non, il n'y a aucune dépendance dans le domaine de l'âme, aucun attachement. Il y a l'amour, libre, absolu. Aimer, c'est laisser à l'autre toute sa liberté. Et d'ailleurs, chère Etty, comment pourrais-je te retenir, petit papillon, petite fée céleste, double lumineux ? Ta liberté est imprenable. N'est-ce pas la leçon que nous livre ton existence ? Tout donner, ne rien garder ? Tout partager. C'est ce que tu as fait avec moi. Je m'en souviendrai.

Voilà, c'est l'heure. Derrière mon amie s'approche, en une apparition graduelle, une assemblée de corps lumineux. L'amour qui s'en dégage est d'une prodigieuse intensité. Il dépasse tout ce que je peux connaître des sentiments humains. Mais il ne m'est pas étranger. Je sens que cet amour m'habite, qu'il est à l'origine de toute vie sur la terre. Chacun des êtres qui entourent Etty déploie sous mes yeux des ailes de lumière, d'une luminescence inouïe. On dirait des anges ! Comme des fées enchantées, comme des libellules, comme la demoiselle de mon rêve, des milliers de demoiselles. Leurs ailes sont traversées des nervures transparentes que l'on retrouve sur les feuilles des arbres. Là circule peut-être la source de vie. Les corps célestes ouvrent maintenant leurs ailes puissantes et légères. C'est une vraie chorégraphie. Je les vois qui s'élèvent, se fondant les uns dans les autres, entourant Etty sans jamais lui faire ombrage ou cacher sa présence. Suis-je digne d'assister à un tel spectacle ? Je voudrais tant le montrer tel quel à ma famille, à mes amis, à vous.

Toute tristesse s'est éteinte, toute tension s'est tue. Il n'y a plus que l'émerveillement d'être là. Je vibre à l'unisson des anges. Et tandis que j'assiste à ce magnifique ballet, semblable aux murmures des oiseaux dans le ciel couchant, Etty se fond dans mon paysage intérieur, galvanise son énergie à son niveau maximal. L'une après l'autre, les entités se rassemblent autour d'elle : elles entrent dans son corps, par couches successives, épousant sa silhouette pour s'y fondre pleinement. Et à mesure qu'elles s'unissent à elle, ma sœur devient plus diaphane. Encore quelques instants et elle disparaît, emportée par la lumière…

*

Etty, je le crois bien, ne viendra plus me voir. En tout cas, pas de la façon qu'elle a pu le faire depuis deux ans. C'est peut-être mieux ainsi. On s'habitue difficilement à l'extraordinaire. Ces apparitions aux confins de la conscience m'ont été envoyées pour nous donner des signes de la vitalité de l'âme comme *corps de lumière* – et j'en ressens une gratitude infinie. Pour autant, il ne faut pas oublier que nous sommes destinés ici-bas à vivre notre incarnation. Les visions, ces épisodes de clarté unique, se présentent comme un encouragement à vivre, à s'enchanter, à rendre grâce dans ce monde, dans la temporalité qui est la nôtre. Elles nous incitent à *exister* avec poésie, imagination, enthousiasme, mais les pieds solidement ancrés en terre.

Parfois, une petite libellule vient me voir dans mes rêves. J'en croise aussi au gré de mes promenades. Etty me rend encore visite de mille façons : dans mes lectures, mes rencontres, dans mon travail. Ici, un détail ou un mot ; là, un livre ou un film portent son empreinte, sa « marque de fabrique ». Au moment où j'écris ces lignes, je pense à samedi, ce samedi, il y a deux jours. Alors que je faisais un peu de lèche-vitrine, une jeune femme m'a abordé depuis la devanture d'une maison de parfums. Elle m'a proposé de venir sentir la nouvelle fragrance de la marque. En humant l'échantillon qu'elle venait de pulvériser, j'ai remarqué le nom de cette eau délicate : « L'homme infini ». L'homme infini ! Tout être vivant porte en lui sa part d'éternité. Quel joli clin d'œil, à nouveau ! Quand je pense à elle, je sais qu'elle pense à moi. Par le principe des mondes miroirs. Jamais nous ne sommes séparés. Etty a inspiré mon quotidien comme nulle autre personne avant elle. Elle l'a exalté. Face aux adversités, face à l'incertitude, elle m'a apporté une réponse unique : l'espérance. J'espère qu'à vous aussi, ami lecteur, cette traversée aura communiqué l'espoir de la vie infinie. Etty vibre dans une danse des éléments, une symphonie entre les mondes. Elle est aujourd'hui, comme chacun de nous l'est en puissance, libre, joyeuse, infinie, lumineuse.

Table des matières

Du même auteur

Les Thérapeutes du ciel, Michel Lafon Publishing, 2019, et Michel Lafon Poche, 2020

pca
cmb
édition pré-presse
livres numériques

44400 Rezé

IMPRIM'VERT®

PEFC™ 10-31-1510

Imprimé en France
par Corlet Imprimeur
14110 Condé-en-Normandie
Dépôt légal : avril 2021
N° d'impression : 21030133
ISBN : 978-2-7499-4535-4
LAF : 3004